设计作业的方法

HOMEWORK WITH IMPACT

WHY WHAT YOU SET AND HOW YOU SET IT MATTERS

为什么作业的内容
以及设计作业的方式
至关重要

[英] 安德鲁 · B · 琼斯 Andrew B. Jones 著
郝媛 译

中国青年出版社

图书在版编目（CIP）数据

设计作业的方法：为什么作业的内容以及设计作业的方式至关重要 /（英）安德鲁 · B. 琼斯著；郝媛译. —北京：中国青年出版社，2024. 5
书名原文：Homework with Impact: Why What You Set and How You Set It Matters
ISBN 978-7-5153-7270-9

Ⅰ. ①设… Ⅱ. ①安… ②郝… Ⅲ. ①学生作业—教学设计—研究 Ⅳ. ①G424.6

中国国家版本馆CIP数据核字（2024）第076368号

设计作业的方法：为什么作业的内容以及设计作业的方式至关重要

作　　者：[英] 安德鲁 · B. 琼斯
译　　者：郝　媛
责任编辑：高　凡
文字编辑：步欣旻
美术编辑：佟雪莹
出　　版：中国青年出版社
发　　行：北京中青文文化传媒有限公司
电　　话：010-65511272 / 65516873
公司网址：www.cyb.com.cn
购书网址：zqwts.tmall.com
印　　刷：大厂回族自治县益利印刷有限公司
版　　次：2024年5月第1版
印　　次：2024年5月第1次印刷
开　　本：787mm × 1092mm　1/16
字　　数：130千字
印　　张：13.5
京权图字：01-2022-2960
书　　号：ISBN 978-7-5153-7270-9
定　　价：59.90元

设计作业的方法

本书揭示了最有利于学生学习的家庭作业活动类型，使家庭作业的相关研究具有现实意义，并论述了如何最有效地使用这些研究成果。本书提供了可以提高家庭作业影响的实践思路、策略和活动，教师可以在自己的课堂中选用和实施。

本书将目前认知心理学中关于提取练习、间隔效应和交错练习的研究与家庭作业联系起来，包括以下内容：

- 关于有效预习作业的建议
- 讨论元认知和它如何帮助学生自主地复习和完成作业
- 概述我们如何有效地检查作业
- 反馈的重要性
- 学校如何在家庭作业方面给予学生和家长支持，以及制定明确的家庭作业政策的重要性

本书是所有想确保家庭作业对学生学习产生真正影响的教师和学校领导的必读书目。

安德鲁·B. 琼斯（Andrew B. Jones）是赫特福德郡（Hertfordshire）里克曼斯沃思（Rickmansworth）抵达自由学校（The Reach Free School）的副校长，负责教师持续专业发展和职业指导，他也是英国特许教学学院（The Chartered College of Teaching）的创始人之一。

设计作业的方法

为什么作业的内容以及设计作业的方式至关重要

—— 安德鲁 · B. 琼斯 ——

感谢阿南德（Anand）、库尼耶（Kunyee）

支持我写作本书。

目录

表格目录

图片目录

实践者研究专栏目录

研究合集目录

致谢

首先，我要感谢挑战合作伙伴（Challenge Partners）的同事们，他们参与了促成本书完成的联合研究项目，特别是迈克·加维（Mike Garvey）、劳拉·柯蒂斯（Laura Curtis）和乔·凯里（Joe Carey），后面的章节会提及他们所做的工作。感谢抵达自由学校的“教师研究者”马丁·埃塞里（Martyn Essery）、凯莉·帕特森（Kellie Paterson）、克里斯·迪克逊（Chris Dixon）、迈克尔·希比（Michael Shippey）、奥利弗·卢克曼（Oliver Lukeman）、普里亚·帕特尔（Priya Patel）、法耶·考德威尔（Faye Caldwel）、法伊珊·阿万（Faizah Awan）、拉尔夫·阿迪（Ralph Addy）、梅根·吉兰（Megan Gillan）、马特·萨顿（Matt Sutton）和山姆·罗宾逊（Sam Robinson）。5年来，他们为学校的各种实践研究项目献计献策。

我不仅要感谢直接参与行动研究的同事们，还要感谢雷切尔·布林德利（Rachel Brindley）、大卫·英格杜（David Ingledew）、大卫·韦斯顿（David Weston）、艾莉森·皮科克教授（Professor Dame Alison Peacock）、亚当·贝克（Adam Baker）和理查德·布斯（Richard Booth）对家庭作业和最佳实践模式的研究。这些内容在后续各个章节中都有强调。但需要注意的是，他们的观点不一定反映了本书所提出的论点。感谢卡拉·达席尔瓦（Carla Da Silva）、安东尼·史密斯（Anthony Smith）、汉娜·德里斯科尔（Hannah Driscoll）、露西·威金斯（Lucy Wickins）、苏·布林德利博士（Dr. Sue Brindley）和艾德·威金斯博士（Dr. Ed Wickins）对本书提出的建设性意见，以及安迪·诺布尔（Andy Noble）就使用哪些基于课堂的最佳实践给出了建议。感谢挑战合作伙伴和赫特福德郡与巴克斯郡挑战合作伙伴中心（Herts & Bucks Challenge Partners'Hub）给我提供了许多机会，让我能够介绍和推广本书的研究成果。感谢克兰伯恩小学（Cranborne Primary School）的克莱尔·凯尔蒂（Claire Keilty）和其同事们与我分享他们对家庭作业的思考。感谢钱德尔哈姆高中（Cheadle Hulme High School）允许我使用它的家庭作业政策。感谢劳拉·麦金纳尼（Laura McInerney）和其所在的教师塔普[1]将本研究中关于家庭作业的各种问题发送给大量受访者，并允许我将其调研结果用于本研究的一部分。

最后，感谢劳特利奇（Routledge）出版社的安娜玛丽·奇诺（Annamarie Kino）和莫莉·塞尔比（Molly Selby）对本书提供写作上的支持。

① 教师塔普是一款为教师提供的应用程序，每天下午3：30向他们发出问题。

第1章 家庭作业为何重要

本章将简要梳理有关家庭作业的讨论，然后介绍本书的中心论点：家庭作业可以对学习和成绩产生积极的影响，特别是在布置某些类型的作业时更是如此。这一章节将概述本合作研究项目的起源并进行注释，后面的章节将对本章涉及的问题进行更深入的分析。

我小时候憎恨家庭作业。在大多数情况下，我被老师留校是因为懒得做作业。在家的时候，我更愿意花时间盯着天花板做白日梦，而不是看课本。当父母问我老师布置了多少作业和我是否完成作业时，我会习惯性地向他们撒谎说我做完了，但其实我根本没有做。我在去学校的公交车上为没完成作业想各种借口，还有在交作业的那一节课前尽量补完应做内容——这些情景还历历在目。我为没完成作业找的各种借口包括家里有事耽误了和不小心把装有作业的书包忘在了公交车上等。如果问十几岁的我怎么看待家庭作业，我会和其他许多孩子一样，要求废除家庭作业。那时的我认为做家庭作业是浪费时间，是一件苦差事，是我不该遭受的痛苦。

讽刺的是，我现在却站在家庭作业这一边。当学生没有完成家庭作业时，我会毫不留情地对他们进行处罚。如果学生坚持不交作业，我会打电话给家长并把他们的情况写进报告里，以进一步提醒他们无论如何都要交作业。尽管我曾经逃避过写家庭作业，但我现在坚定地认为家庭作业应在学习计划中占有更多的分量。它对学生在学校获得成功有至关重要的作用。我所做的行动研究、同事和学生的意见，以及我对实践的反思等许多事情使我改变了想法。

我坚信，家庭作业十分重要，教师应该定期布置家庭作业。我也相信，有些类型的家庭作业比其他家庭作业更具影响力。本书对家庭作业进行了论证，特别是如何布置家庭作业才能最大限度地影响学生的学习和成绩。

关于家庭作业的争论

家庭作业可以被定义为在上课时间或教学时间之外布置和完成的任何学校作业。家庭作业对学习和成绩的影响仍是学生、家长、学校领导和政府官员之间争论的焦点。任课教师们对于是否应该布置家庭作业、布置的作业量和多久布置一次作业等问题也有很大的意见分歧。我的许多同事都对这些问题进行过讨论，他们有的在硕士课程中研究过这些问题，有的是在布置了很多年的作业之后进行了思考，还有的是在与不愿在除了教室外的任何地方动笔的人（就像从前的我那样）争论之后形成了自己的观点[①]。许多人对家庭作业持肯定态度，认为它不仅能帮助学生学习，还能培养良好的学习习惯（详见表1.1中的“支持家庭作业的论点”）。另一些人认为在高中阶段将家庭作业作为复习和预习的一部分更加有用。但对家庭作业在小学和初中阶段的用途，人们的观点分歧较多。少数人完全反对家

① 我的同事们的观点构成了赫特福德郡与巴克斯郡挑战合作伙伴中心研究项目的一部分。该项目为了更好地了解教师对家庭作业的看法，使用了教师调查和焦点小组的方法，将定量和定性的研究方法相结合（见第3章中的实践者研究专栏3.1）。研究结果的部分内容也在附录2和附录3中进行了总结。

庭作业——他们将家庭作业视为学校政策的一部分，但认为从整体上看它对学习的影响有限（其中一些原因列在表1.1“反对家庭作业的论点”一栏中）。

表 1.1　支持和反对家庭作业的常见论点[①]

支持家庭作业的论点	反对家庭作业的论点
• 有助于巩固学习成果	• 作业太多
• 可以练习技能	• 作业设计得很糟糕
• 可以复习知识	• 在校时间足够长了
• 学生可以预习课程	• 为了写作业而写作业
• 学生可以复习和准备重要的评估或考试	• 学生们会互相抄作业
• 学生可以进一步研究他们感兴趣的科目和主题	• 父母可以帮孩子完成作业
• 培养学生自主学习的能力	• 有些父母可以辅导孩子，有些辅导不了
• 培养其他技能，如自律和良好的组织能力	• 有些父母负担不起最好的设备或没有资源来帮助他们的孩子
• 利用校外资源，如图书馆	• 导致孩子和父母之间的争吵
• 让父母有机会看到他们的孩子在学什么	• 剥夺了学生休息和玩耍的机会
• 让父母有机会帮助孩子	• 限制了孩子参加体育俱乐部等校外活动
• 促进学校和家庭之间的沟通	

尽管绝大多数人都承认家庭作业的好处，但教师对家庭作业的有效性的认识并不一致。这在一定程度上是因为教师在家庭作业方面缺乏指导。正如由教师主导的、有关家庭作业的研究所发现的那样，大量关于家庭作业的作用和价值的学术研究已经发表，这反过来又引起了媒体的极大兴

① 为赫特福德郡与巴克斯郡挑战合作伙伴中心研究项目的一部分，这些观点在受访的教师、家长和学生的回答中都得到了明显的体现（参照上文）。

趣。但这些研究内容并不是写给教师看的。关于家庭作业影响的研究往往发表在学术论文中，其中充斥着方程式、标准差和系数，不是每个一线教师都接受过训练并且能够理解它们。研究往往集中于特定的年级、学科领域、群体或人口统计数据，我们可以认为大多数学术研究成果是相对于研究者的样本群体而言的。尽管如此，本书仍然认为家庭作业是改善学习和提高成绩的重要策略，并将结合学术研究的观点、教师的行动研究以及我自己布置、批改和反馈家庭作业的经验来论证这一点。此外，本书的出版源于当地教育领导者的关注，他们认为学校的作业实践还有改进的空间，而且需要证据支持（见研究合集1.1）。

家庭作业对学习和成绩的影响

许多学术研究表明，家庭作业确实会影响学生的学习和成绩。尽管这只是一种概括性的说法，且表1.1也列出了人们的一些担忧，但这句话正是我们不应该放弃家庭作业的核心理由。例如，哈里斯·库珀（Harris Cooper）及其同事对家庭作业的影响进行了一系列重要的元分析。研究结果表明，考试成绩和家庭作业之间一般呈正相关关系。最近的研究也发现，在各学科和背景中，家庭作业和成绩之间存在正相关关系。其中一些研究将在第2章中深入探讨。教师、家长甚至是对家庭作业有强烈想法的学生都不应该忽视这些研究。

同样，英国教育部（DfE）的研究表明，家庭作业可以影响学生的整体成绩。例如，研究人员已经有强有力的证据证明，在上学日的晚上花2—3个小时做家庭作业的学生比没有做家庭作业的学生平均成绩更高。此外，9年级学生如果在上学日的晚上花2—3个小时做家庭作业，与不做家庭作业的学生相比，他们达到5个（现在是4个以上）A*—C等级的可能性几乎高出了10倍。显然，家庭作业不是无关紧要的事，或许是因为过去人们认为教学是多余的，从而导致家庭作业成了毫无意义的程序。

研究合集1.1

丹尼斯教育信托基金的改良信托主管雷切尔·布林德利对家庭作业的研究

在各学校领导人合作战略会议讨论上将家庭作业作为一个联合研究项目进行探索时，雷切尔指出：

家庭作业的定义本身就是一个棘手的问题。近年来，它已经从“阅读并抄写教科书第5页的内容”这种相当安全但毫无吸引力的模式（它隐含了对接受者的各种假设）演变成了最佳实践方案：课堂之外的学习是与课上所学相关的、重点突出的内容；它既借鉴了过去的课程内容，又促进了对未来内容的思考；它给学生提供了探究和积极实践的机会；它得到了具体而及时的反馈。也许最重要的是，学生通过作业找到了适当的自我定位。

这一思考在本书后面的章节中有所体现。

许多教师（就像下面讨论的那样）将作业作为行动研究项目的一部分进行调研，或是将其作为学术课程的一部分去研究。他们指出在关于家庭作业的研究中，最没有确切结论的是何种类型的作业、任务或活动对学习的影响最大。诚然，家庭作业可以提升学生的学习和成绩，事实也的确如此。但我们如何确保我们布置的家庭作业对学生成绩的影响最大化？对家庭作业持批评态度的人也指出：家庭作业相关研究中所强调的任何益处都只对学生的学习和成绩产生了很微小的影响。**但他们忽略了家庭作业并不总是以有利于学习者的方式来布置这个事实。**

因此，本书的目标就是解决这个问题。如果我们要为家庭作业进行辩护，就必须确定哪种类型的家庭作业最有效，并证明写家庭作业的好处多于坏处。

撰写本书的来源："挑战合作伙伴"网络和剑桥之星项目的研究

本书是一系列由教师主导完成的、关于家庭作业的相关性和影响的研究项目的成果，这也是赫特福德郡与巴克斯郡挑战合作伙伴中心2017—2018学年联合研究项目的重点内容（见实践者研究专栏1.1）。该中心是由一批观念一致的学校所组成的团体，它致力于通过分享最佳实践经验来提高学生的成绩。它也是范围更广的"挑战合作伙伴"网络的一部分，该网络延伸至英国各地的480多所学校。我们利用中心内现有的专业知识，包括在讨论小组和工作小组中认识的许多同事所拥有的知识和智慧——这帮助我们推动了研究进程，以及来自剑桥大学剑桥之星（Cambridge，School Teachers and Research，简称CamStar）项目的专业知识和指导。该中心是一个学校网络，共同支持以学校为基础的教学研究。

从最初的讨论中可以看出，围绕家庭作业的老问题——如何在保持学生最佳成绩的同时控制好作业负担，仍然是值得深入研究的领域。该项目源于深入理解家庭作业的需求，尤其是为了更好地了解教师布置的家庭作业类型如何影响学生成绩这一问题。我认为我们的经验和发现对他人而言是有用的，所以才撰写了本书。

对研究的解读：为什么你布置的家庭作业类型很重要？

截至2018年秋，参与抵达自由学校所组织的项目的工作小组已经达成一致意见：家庭作业通常有利于学生的学习。我们基于对上面简要提到的大量元分析、英国教育部自己的研究和其他各种研究的分析——例如教育捐赠基金会（EEF）关于中小学家庭作业的教学工具包的报告——得出此结论。然而，我们也察觉到大多数认为家庭作业具有积极影响的研究并没有对不同类型的家庭作业对学习和成绩的影响提出疑问。达琳·哈蒙德（Darling Hammond）和伊菲尔·林奇（Ifill Lynch）的研究认为教师应该布置家庭作业，但是作业也要有针对性和相关性。她们还认为某些类型的家庭作业会比其他类型的家庭作业更有效。

实践者研究专栏1.1

行动研究项目

在本书中，你会遇到许多"实践者研究专栏"。这些专栏包含来自不同研究项目的发现，其中有一些与赫特福德郡与巴克斯郡挑战合作伙伴中心或剑桥之星有关家庭作业和提取练习的联合研究项目直接相关。这些专栏里还包含了一些间接相关的研究，如英国国家中级领导力专业资格（National Professional Qualifications in Middle Leadership）项目以及赫特福德剑桥（HertsCam）的研究。赫特福德剑桥与剑桥之星类似，该组织旨在建立一个教师研究者网络。

从本质上讲，所有研究都可以被视为行动研究。这意味着研究是由该领域内的从业者进行的。因此，研究者是学校里的教师，而非学校之外的研究人员。这些研究是小规模的，且与学校的背景有关，但更重要的是，它们使我们能够试验、衡量和评估我们在自己的教室或学校中实施的想法或策略。

希望这些项目的引用将使本书的讨论内容具有更广泛的学术研究背景。此外，你可以任意实施类似于此处所引用的项目。行动研究的理念之一是它的周期性——研究者需要不断反思和回顾基于其研究结果而实施的策略。这可能会引发进一步的研究，从而调整或改变所采用的想法或策略，也可以由其他对此感兴趣的人在不同的背景下实施该研究。

因此，我们想找出哪些类型的家庭作业对学生的进步和成绩影响最大。这将帮助我们决定哪些类型的家庭作业可以定期布置给自己的学生。

家庭作业的研究者倾向于将4种类型的一般性学习活动确定为常见的家庭作业类型：

- 练习作业，其中包括与已经教过的内容直接相关的题目、练习或任务。
- 预习作业，为即将到来的一节课做准备。这类作业包括在与老师一起学习之前预先阅读或查看新的材料。
- 传统的复习作业，包括重新阅读课上的材料或课堂笔记。
- 拓展型作业，是一项持续时间较长的作业活动，如调查第一次世界大战的起因，写书评或撰写报纸文章。

当与抵达自由学校的工作小组讨论上述作业类型时，他们建议我们加入另外两种类型的作业：

- 创新型作业，如在历史课中建造木结构的城寨城堡，或在科学课中制造太阳系的移动设备。
- 收尾型作业，即直接完成课上未完成的作业。

后两种作业类型之所以被包括在内，是因为经过多次讨论后我们发现，很明显，我们在一些科目中定期布置了这类家庭作业，尤其是在KS3

阶段（11—14岁）。对以上的作业类型及其影响进行的讨论是我进行第3章写作的基础。由此，我提出了“练习作业和预习作业比其他类型的作业更具相关性也更有效”的观点（参见第4—6章）。本书的其余章节主要论述了这一点：家庭作业不仅与改善学习和提高成绩有关，而且如果将特定的任务布置为家庭作业，它还会更有意义、更有针对性、更有效。本书针对家庭作业如何与当前教学的最佳实践相联系进行了大量讨论，尤其是提取练习、间隔学习和交错练习等内容。不仅有大量证据可以证明这些技术在课堂上的影响，而且有越来越多的证据表明，这些技术需要与我们计划、布置和评估家庭作业结合在一起使用。

当然，还需要考虑影响家庭作业的其他重要因素，例如布置家庭作业的数量、如何将家庭作业纳入课程规划和家长的参与。希望这本书能帮助你充分利用家庭作业，并最大限度地发挥它对学生学习的影响。

本书概要

本书共有10章。它们涵盖了大量的关于如何最大限度地发挥家庭作业带来的影响的思考。第2章是关于家庭作业所带来的影响的学术研究。第3章探讨了各种类型的家庭作业，以及某些类型作业比其他类型作业更有效的原因。第4章探讨了日益知识化的课程对家庭作业的影响和提取练习对帮助学生记住知识的重要性。第5章研究了预习作业在辅助学习中的作用，并对翻转学习进行了批判性的讨论，还对自主学习进行了探讨。第6章概述了与家庭作业有关的学习检查、评估以及重要反馈。第7章集中讨论了家庭作业规划，以及作业如何与有关间隔学习和交错练习的思考联系起来。第8章探讨如何在家庭作业方面给予学生和家长支持。第9章重点阐述了如何根据最佳作业类型来制定家庭作业政策。第10章对上述内容进行了总结。

值得一提的是，作为一个漠不关心、尽力逃避家庭作业的少年，我在中学毕业时只获得了两张普通中等教育证书（GCSEs）。直到我在一所继续教育学院反复进行了所有的考试之后，才明白在课外努力对自己学习成绩的影响。问题出在了我对家庭作业的态度上，而不是家庭作业本身。

拓展阅读建议

1. 苏珊·哈勒姆（Susan Hallam）（2006b）.《家庭作业：作业的用途及滥用》（伦敦：伦敦大学学院教育出版社）

Hallam, S. (2006b). Homework: Its Uses and Abuses. London: Institute of Education, University of London.

- 在开始你的家庭作业之旅前，请先阅读苏珊·哈勒姆教授撰写的有关家庭作业研究的概要。这是一份10页的文件，如果把上面的标题输入搜索引擎，可以很容易地在互联网上找到PDF格式的文件。该研究总结了支持和反对家庭作业的论点，概述了2006年以前的研究，还讨论了关于父母和其他人对作业态度的研究。值得一读。

2.《中小学家庭作业的教学工具包》（2020）（教育捐赠基金会，英国）

EEF (2020). Educational Endowment Fund Teaching and Learning Toolkit (Primary and Secondary Homework sections). London: EEF

- 教育捐赠基金会的教学指南提供了对于家庭作业的研究和当前思考的全面概述。它有主次两个部分。如果你刚开始进行家庭作业研究，这将是一个很好的开始。它也总结了你真正需要知道的东西。

第2章

研究是怎么说的

本章对家庭作业的相关研究进行了阐述。主要包括以下内容：家庭作业对学生成绩影响的元分析、中小学阶段在家庭作业和成绩方面的差异以及是否有一个做家庭作业的最佳时长。

当赫特福德郡与巴克斯郡挑战合作伙伴中心决定于2018—2019学年研究家庭作业时，我在另一所学校工作的同事打趣说，这个项目“听起来令人头疼”。他解释道，他曾将关于家庭作业的研究定为教育学硕士学位论文的选题。但正如前一章所述，他完全被冗长而难解的学术研究和人们想表达的观点弄糊涂了。最终，他决定专注于教学的另一个研究领域。

事实证明他是对的。有大量关于家庭作业的目的、影响和价值的学术研究，其中许多研究都聚焦于特定的学科或教育阶段，很难一概而论。一些学术论文的研究着眼于外语学习，而另一些则只分析数学。不可忽视的是，绝大多数的元分析和文献综述都表明，尽管影响很小，但家庭作业确实对成绩有着积极的影响。虽然在小学和中学阶段间、不同团体间和不同群体间的影响存在差异，但我认为这种与成绩的微小正相关意味着教师不能忽视家庭作业的作用。本章将探讨家庭作业研究中的一些关键问题，以证明本书剩余部分的论点：有效的家庭作业可以提高学生的成绩，进而影响他们的人生机遇。诚然，正如研究合集2.1所述，如果我们是以循证为基础进行的实践，就必须注意到学术研究的发展。

研究合集2.1

英国赫特福德大学教育学高级讲师大卫·英格杜对教育研究的思考

大卫认为，从研究中学习是专业发展的一个重要组成部分。他认为："对进行反思的实践者发展教学水平至关重要的是：阅读专业文献、参与教育研究、与同事和同行分享和讨论研究问题，并反思其对教与学的影响。这丰富并深化了实践，使教师能够通过一个持续性的专业对话过程，解决他们在课堂上所面临的复杂问题。"这同样适用于家庭作业和其他任何教学领域。

宏观的元分析

大多数的大型研究报告都以元分析的形式综述家庭作业对学习和成绩的总体影响。元分析是一种定量研究方法，它用于综述特定主题的研究文献，如家庭作业。就家庭作业的研究而言，元分析通常会综述之前发表的一些直接或间接地讨论家庭作业是否影响学习和成绩的研究。综述性研究通常是由不同的研究者在不同的教育情境下进行的。通过扩大数据量将不同的情况包括进去，可以定量估计一个特定策略对学生学习的影响程度。随着样本量的增加和研究的代表性增强，研究的普遍性也更强。

重要的是，大多数被广泛引用的元分析显示家庭作业确实会影响学生的学习成绩。从表2.1中可以清楚地看到，绝大多数人认为家庭作业具有"中等"的效应量或影响（研究合集2.2有对效应量的简要说明，且附录1

对效应量和相关系数进行了更全面的解释）。正如后面的章节所讨论的那样，在此基础上，我们可以放心地假设：随着时间的推移，在作业布置、批改和反馈等方面的改进可以将“中等”的影响（或效应量）提升为越来越“强烈”的影响（或效应量）。尽管许多其他研究表明家庭作业对学习有普遍的积极影响，但下面将探讨一些证明了家庭作业和成绩之间具有正相关关系的关键研究。

表 2.1　家庭作业研究的重要元分析概述

综述研究	研究焦点	综述的研究数量	平均标准差或相关性	一般影响程度
格劳厄·韦恩斯坦（Graue Weinstein）和沃尔伯格（Walberg），1983	家庭作业的一般影响	29	*d*.=0.50	影响较小
帕斯卡尔·韦恩斯坦（Paschal Weinstein）和沃尔伯格，1984	有家庭作业和没有家庭作业	15	*d*.=0.36	影响较小
	有评分或有教师点评的作业	15	*d*.=0.80	影响中等
库珀，1989a	有家庭作业和没有家庭作业	20	*d*.=0.21	影响较小
库珀，1989b	初中时花在家庭作业上的时间与成绩的关系	50	*r*.=0.07	影响微弱
	高中时花在家庭作业上的时间与成绩的关系	50	*r*.=0.25	影响较小

（续表）

综述研究	研究焦点	综述的研究数量	平均标准差或相关性	一般影响程度
哈蒂（Hattie），1992；弗雷泽（Fraser），沃尔伯格，韦尔奇（Welch）和哈蒂，1987	家庭作业的一般影响	110	*d*.=0.43	影响较小
沃尔伯格，1999	有教师评语的作业	2	*d*.=0.88	影响中等
	有评分的作业	5	*d*.=0.78	影响中等
库珀，罗宾逊（Robinson）和帕塔（Patall），2006	有家庭作业和没有家庭作业	6	*d*.=0.60	影响中等
哈蒂，2009	家庭作业的一般影响	161	*d*.=0.29	影响较小
范会勇等，2017	数学和科学家庭作业完成情况和成绩的关系	11	*r*.=0.59	影响中等（差 0.1 就到强影响）
	不同年级完成作业和成绩的关系	5	*r*.=0.52	影响中等
	作业上的努力程度和成绩的关系	4	*r*.=0.31	影响较小
	作业布置频率和成绩的关系	5	*r*.=0.12	影响微弱
	作业完成时长和成绩的关系	29	*r*.=0.15	影响微弱

（续表）

综述研究	研究焦点	综述的研究数量	平均标准差或相关性	一般影响程度
巴斯·森图克（Bas Sentür）和辛格瑞希（Cigerci），2017	家庭作业的总体影响	11	*d*.=0.23	影响较小
	科学学科家庭作业的影响	3	*r*.=0.66	影响较强
	同上，化学学科	2	*r*.=0.81	非常强烈的影响
	同上，数学	5	*r*.=−0.08	无影响
	同上，1—4年级	4	*r*.=0.21	影响较小
	同上，5—8年级	4	*r*.=0.41	影响中等
	同上，9年级以上	2	*r*.=0.48	影响中等
	同上，小学阶段	7	*r*.=0.15	影响微弱
	同上，高中阶段	2	*r*.=0.48	影响中等
	同上，高等教育阶段	2	*r*.=0.45	影响中等

*请注意，概括影响的措辞是我自己定义的。这是根据科恩（Cohen）、曼尼恩（Manion）和莫里森（Morrison）的研究中估计的效应量的广义“有效性”改编的。该术语并不一定反映原作者的观点。一些效应量已经四舍五入了。这个表格设计的最初想法来自我在马扎诺（Marzano）和皮克林（Pickering）的研究中看到的一个类似的表格。

哈里斯·库珀：家庭作业带来了“积极且具有统计意义”的影响

随便打开一本研究家庭作业的书或读到一篇期刊文章，都可能会看到哈里斯·库珀的研究。这是因为库珀和他的同事们对家庭作业的影响进行了许多重要的元分析，最早的研究可以追溯到1897年。在库珀的第一个综述中，他回顾了1962—1986年进行的20项研究，以了解做了家庭作业的学生和没有做家庭作业的学生之间的成绩是否有差异。其中有14项研究产生了倾向于做家庭作业的结果，而有6项研究产生了倾向于不做家庭作业的结果。这些研究表明，以标准化测试或成绩来衡量，完成家庭作业的中学生比没有完成家庭作业的中学生表现要好69%。值得注意的是，这种显著的积极影响主要与中学生有关，而与小学生无关。尽管如此，下面将讨论对小学的家庭作业更积极的看法。

近期由库珀主持的一项元分析发现平均效应量是0.6（*d*.=0.6），这表明家庭作业对成绩有中等程度的影响。在后来的研究中，做家庭作业的学生与不做家庭作业的学生在评估中的标准差分别为*d*.=0.39和*d*.=0.97。因此，总体平均效应量*d*.=0.6。由此，研究者指出，“除了极少数情况外，学生的成绩和他们的家庭作业量之间呈正相关，并且具有统计学意义”。

研究合集2.2

一个判断效应大小的粗略指南

- *d*.=0—0.20（影响微弱）
- *d*.=0.21—0.50（影响较小）
- *d*.=0.51—1.00（影响中等）
- *d*.=1.00+（影响强烈）

改编自科恩的研究成果

汤姆·谢林顿（Tom Sherrington）对约翰·哈蒂（John Hattie）研究的分析：家庭作业“有极好的效果”

正如上文所述，任何研究家庭作业的人都会不可避免地读到库珀和他的元分析报告。同时，约翰·哈蒂对几乎整个教育领域进行了元分析研究，任何研究教育的人都可能会在偶然间发现哈蒂的研究。哈蒂在其众多的元分析中回顾了关于家庭作业的研究。尽管家庭作业的批评者们经常对他给出的*d.*=0.29的效应量大做文章，但他们往往忽略了对各个年龄组进行的更细致的分析。在《可见的学习：对800多项关于学业成就的元分析的综合报告》（*Visible Learning:A Synthesis Based on Over 800 Meta-Analyses Related to Achievement*）一书中，哈蒂在回顾了涵盖161项研究和超过10万名学生样本的5项元分析后得出*d.*= 0.29。正如汤姆·谢林顿指出的那样，"这是所有研究中最典型的效应量"。通过进一步分析哈蒂的研究，谢林顿发现*d.*=0.29表明了以下几点：

- 家庭作业仍能使学生的学习速度提高至少15%（潜移默化中使学生的学习进度平均提前1个年级左右）。
- 分析中65%的效应量是正数。
- 分析中35%的效应量是负数。
- 但是，做了家庭作业的学生比没有做家庭作业的学生平均成绩高出62%。

正如谢林顿所指出的那样，*d.*= 0.29的效应量意味着，家庭作业有21%的概率会影响学生的成绩，也就是说100份家庭作业中有21份对学生有影响。尽管"影响较小"，但哈蒂通过进一步研究计算得出：对小学生影响的效应值为*d.*=0.15；对中学生影响的效应值为*d.*= 0.64，这表明其影响比*d.*=0.29要大得多。这个效应量也与上文讨论的库珀早期的研究结果相对应。他也发现家庭作业在中学阶段更有效。正如谢林顿所言，"在此基础上可知，对于中学生而言，家庭作业具有极佳的效果"。值得注意的是，在《可见的学习：对800多项关于学业成就的元分析的综合报告》出版之前，哈蒂曾与上文提到的一些研究者合作，一起研究包括家庭作业在内的教育策略和干预措施对成绩的影响。在早前的一项研究中，哈蒂和同事在对110项研究进行分析后指出，家庭作业对成绩的影响为$d.=0.43$。该研究得出的家庭作业对成绩的影响比谢林顿所说的“效果非常好”要低一些。但公平地说，哈蒂最近的元分析可能推翻了谢林顿的结论。

总体而言，这些元分析在一定程度上证明了家庭作业作为课堂干预手段存在的重要性。更确切地说，它是课堂的延伸。但是，这都是概括性的结论，而且得出这些结论的方法也存在问题（见研究合集2.3）。尽管如此，如前文所述，如果家庭作业对学习和成绩可以产生适度的或中等的影响，那么我们肯定有责任去调查、实验和确定在布置、评价和反馈家庭作业方面的最佳实践，使家庭作业成为我们教学工具箱中更强大、更有影响力、更有价值的组成部分。希望本书后面的章节能对此有所帮助。

研究合集2.3

家庭作业研究存在的问题

如果认为这项为家庭作业进行辩护的研究——尤其是本章讨论的元分析——是绝对没有缺陷的，那你就想错了。库珀等研究者公开承认了这一点。同样，哈勒姆和罗杰斯（Rogers）认为，应该对他们和其他许多研究中使用的方法提出质疑。一些研究者，包括科恩，甚至写书来挑战库珀等学者的研究。

事实上，瓦特罗特（Vatterott）提出了研究家庭作业的6个关键方法趋势，使得我们应该谨慎地对待任何研究发现：

- 许多研究依赖于自我陈述，这可能会降低研究中受访者应答内容的比例。
- 累计花在家庭作业上的时间通常是以周而不是以天为单位来衡量的。
- 样本量通常很小，可能没有足够的代表性来进行充分的概括。
- 在许多研究中，学生不是随机分组的。
- 研究通常缺乏相应的对照组。
- 许多研究测量的是布置的作业数量，而不是完成的作业数量。

不仅如此，瓦特罗特还把矛头对准了那些因为“熟悉的传统教育观”而带有“偏见”的研究者，特别是许多的研究都集中在：

- 关注时间而非任务。这表明许多研究者认为作业时间很重要，越多的学习时间对进步越有影响，而且富有成效。
- 关注群体而非个体。这反映了研究者未能针对个体差异进行反思。
- 关注学生的行为而非教师的行为。这表明人们认为成绩不好的问题出在学生自己身上，而与教师无关。

特劳特温（Trautwein）、科勒（Köller）和比尔（Buell）也有类似的观点，他们认为研究家庭作业的一个基本问题是：学生、班级和学科在时间和空间上不是统一的，家庭作业的影响将取决于不同群体的期望和经验。

尽管有上述种种问题，但大多数分析和评论表明，总体而言，家庭作业和成绩之间存在正相关关系，特别是在中学阶段。这些综述汇集了在各国进行的数百项具体研究。然而，这些问题带来的影响是很小的。这就是为何本书在后面的章节中将更侧重于哪种类型的家庭作业对学习成绩的影响最大。

家庭作业研究中存在的其他问题

除了考虑上面讨论的元分析，我们还应该考虑一些关于家庭作业整体影响的定量研究。许多英国学者不仅对自己的研究进行了详细的分析，还编制了家庭作业研究的纲要。其中一项值得注意的研究是麦克贝思（MacBeath）和特纳（Turner）的《校外学习：家庭作业、政策和实践》（Learning Out of School: Homework, Policy and Practice）。该研究受苏格兰教育部门委托，通过调查不同地区13所学校的教师、学生和家长来研究苏格兰的家庭作业问题。他们发现，学生、家长和老师对家庭作业的价值有共同的看法。他们还提出：

- 许多老师、学生和家长认为家庭作业的目的是对课堂学习的内容进行复习或强化。
- 家庭作业对学生来说应该是可以应付的。
- 家庭作业应该具有挑战性，但不要太难。
- 家庭作业的布置频率应该遵循一定的、学生可以理解的规律。
- 学生应该明白布置家庭作业的目的。
- 教师、家长和学生应就家庭作业的目的和目标进行讨论。

可以从其他研究者的频繁引用中发现这些研究的重要性，如哈勒姆和罗杰斯，以及切尔尼亚夫斯基（Czerniawski）和基德（Kidd）。如果你有兴趣进一步研究，以上研究报告都非常值得一读。此外，他们的一些建议将在本书后面的章节中提到。例如，第4章讨论了通过提取练习强化学习的方法；第4章、第6章和第7章提到了让家庭作业具有挑战性，涉及设置适当的困难、低风险测试和交错练习等内容；作业布置的频率与第4章和第7章中的检索和规划相关；学生了解家庭作业的目标的重要性也经常被提及。

家庭作业："最佳证据法"

夏普（Sharpe）、基斯（Keys）和贝尼菲尔德（Benefield）也使用"最佳证据法"进行了一项重要的家庭作业研究，该方法广泛地利用元分析、调查、现场实验和案例研究的数据，以形成关于家庭作业研究的概要。他们的研究简称为《家庭作业：近期研究综述》（Homework: A Review of Recent Research），涵盖了101项与家庭作业相关的研究，其中约40%来自美国，37%来自英国，16%来自其他国家。虽然这篇综述包括了之前讨论过的许多元分析，但它也纳入了其他研究，并得出了不同的结论。重要的是，他们的发现与元分析的结果类似：在中学阶段家庭作业和学生的成绩之间存在正相关关系，但对小学阶段的学生或成绩较差的学生而言则不存在这种关系。他们的文献综述包括了更多来自英国的研究，而非美国的研究。这些研究包括蒂姆斯（Tymms）和菲茨–吉本（Fitz-Gibbon）对3000名获得A等级的中学生进行的调查，以及福尔摩斯（Holmes）和克罗尔（Croll）关于家庭作业如何影响文法学校学生的普通中等教育证书考试成绩的研究。这两项研究都发现，尽管影响很小，但家庭作业对成绩确实有着积极的影响。再次重申我之前的观点：如果将家庭作业实践建立在那些被认知心理学家和专家们所倡导的循证理念的基础上，我们就可以提高这种微小的影响（见下一章）。

这篇由夏普、基斯和贝尼菲尔德撰写的综述是我在试图了解有关家庭作业的研究时偶然发现的首批研究之一。尽管它已经过时，但摘要中的一项发现对我的研究方向和赫特福德郡与巴克斯郡挑战合作伙伴中心研究项目的发展都产生了巨大影响。研究者们明确表示，"关于不同类型作业的影响，以及不同的批改和反馈作业的方法，目前还没有足够的权威研究"。

我在下一章中将通过进一步的研究竭尽所能地回答这个问题。

近期对研究证据的综述

我们可以在科万（Cowan）、哈勒姆和罗杰斯的研究中找到其他有关家庭作业的资料来源。2018年发表的综述《家庭作业的实证研究》（Homework: The Evidence）发现家庭作业和成绩之间的关系是复杂的，尤其是在研究家庭作业时遇到很多挑战的情况下。尽管哈勒姆和罗杰斯认为这些研究大多质量不高，但仍然可以发现家庭作业对学生的整体成绩有微小的积极影响。与之前讨论的元分析一样，他们认为这种影响在中学阶段比在小学阶段更大。其他与成绩相关的发现主要有：拥有先验知识和技能使学生在完成家庭作业时具有优势，而掌握知识和技能较少的学生完成家庭作业需要更长的时间；父母的期望比父母的干预更重要；对学生而言，重要的是能够管理家庭作业的负担和以健康的心态面对家庭作业。哈勒姆和罗杰斯的发现与瓦尔贝格（Walberg）和库珀一样：反馈可以提高家庭对成绩的影响。对这些问题的讨论贯穿全书：与提取练习相关的先验知识（第4章）、家长参与（第8章）、作业负担（第7章）和反馈的重要性（第6章）。

哈勒姆和罗杰斯发现因为英国教育标准局（Ofsted）在2019年就已经停止了对家庭作业的指导，而英国又缺乏关于家庭作业的研究，这给英国的教育工作者带来了难题。再加上教育改革更加强调知识化、聚焦于课程覆盖的内容，这意味着许多教师和学校领导在遵循家庭作业政策的指导时，可能会感到不知所措。

考虑低年级组和高年级组学生（或小学生和中学生）之间的差异

从上文讨论的所有综述和研究中可以清楚地看到：家庭作业在小学阶段的影响要小于在中学阶段的影响。许多研究都对此进行了深入的解释。例如，库珀和瓦伦丁（Valentine）提出：

- 年纪小的学生很难集中注意力，而且很容易分心。
- 年纪小的学生没有完成家庭作业所需的自主学习技能或习惯，而年长的学生则具备这种能力。
- 在小学和中学阶段，家庭作业布置的内容不同，目的也不尽相同。小学阶段家庭作业的目的从本质上讲就是不同于中学阶段的。例如，低年级学生的家庭作业可能并不侧重于对他们的技能的评估。
- 低年级学生需要更长的时间来完成家庭作业（通常是因为他们会尽力完成全部作业，而年龄较大的学生在这方面耗费的时间要少得多，或者完全跳过这部分）。这说明在低年级组中，花在家庭作业上的时间与效果之间呈现负效应量或负相关关系。

库珀认为，尽管家庭作业对低年级学生成绩的影响似乎很小，但小学生仍需做家庭作业。因为很多学习都发生在课堂之外，学生必须为他们未来的学习养成良好的作业习惯。此外，库珀、罗宾逊和帕特尔对美国的2—4年级（英国的3—5年级）学生进行的一些研究证明，家庭作业可以对学生产生积极的影响（虽然这些研究只是少数）。基于此，库珀提出，家庭作业对低年级的学生来说仍然有意义，因为它可以激发学生积极的态度、习惯和性格特征，并强化对课堂上所教的基本技能的学习。随着学生年龄的增长，家庭作业开始在学术实践中发挥更直接的作用，进而影响他们的成绩。这一时间点在美国是学生进入小学高年级之后，在英国是学生进入KS2阶段（7—11岁）。在6年级及以后的阶段（即KS3阶段，11—14岁），作业应在帮助学生准备标准化考试或公开考试方面发挥重要作用。

综上所述，我尽量对小学阶段的作业和中学阶段的作业一视同仁（第4—9章）——这是非常重要的。这些章节中引用的一些观点是由小学教师提出的，他们认为如果布置得当，家庭作业确实会对小学生产生影响。请参阅第7章中有关交错练习的部分。

完成作业的时长：10分钟规则

学生们应该在家庭作业上花多长时间才会有效果呢？美国教育协会（National Education Association）和家校委员会（Parent Teacher Association）建议用10分钟规则来决定给学生布置多少家庭作业。这条规则是通用准则，建议随着年级的增长，每个年级每晚多花10分钟做家庭作业。例如，4年级学生每天用时30分钟，11年级学生每天用时120分钟。即使这一准则存在争议，但许多研究都支持它的观点。我们已经看到的一些研究支持10分钟规则的观点。例如，库珀发现，对初中生而言，每晚1—2小时的家庭作业时间可以提高成绩，但超过这个范围，学生做家庭作业的时间越长，他们的成绩就越差。库珀、罗宾逊和帕特尔的另一项研究也有类似的发现。他们分析得出每周7—12小时的家庭作业时间对12年级（或13年级）的学生产生的影响最大，这意味着最佳作业量可能在每晚1.5—2.5小时。

关于曲线效应的思考

有证据表明，花在家庭作业上的时间与学业成就之间可能是曲线型的关系。这意味着只有当教师布置适量的家庭作业时，作业才可能会对学生的成绩产生更大的影响，作业太少或太多都不行。例如，拉姆（Lam）利用美国国家教育纵向研究的数据，将8000多名12年级（或13年级）学生花在家庭作业上的时间与测试的分数进行了比较。尽管那些说自己完成了作业的学生比没有完成作业的学生成绩更好，但每周做7—12小时的家庭作业对成绩产生的影响最大。每周作业时间超过20小时的学生的考试成绩与每周作业时间在1—6小时之间的学生相当。这些发现在基斯等人和米克（Mikk）分析国际数学与科学研究（TIMSS）数据趋势的研究中也得到了印证。

如果花在家庭作业上的最佳时间大约是每晚2.5小时，那么这是否意味着我们有一个神奇的数字可以作为家庭作业的基础呢？任何答案都会被其他影响家庭作业的因素所干扰。例如，个别学生需要更多的时间来完成家庭作业。有部分原因是能力和兴趣，但也可能是因为不同的时间管理能力。此外，2013年一项针对美国10所优质高中的4317名学生的研究发现，作业负担过重的学生出现了严重的身心健康问题。这包括较高的压力水平和睡眠不足（参见实践者研究专栏2.1）。值得注意的是，学生在学校忙碌了一天之后，“大脑需要休息，也需要时间来处理信息，他们一天中能接收的信息是有限的”。当然，任何家庭作业的最佳时间也会受到以下因素的影响：家里没有安静的空间、缺乏整体资源、使用电脑或宽带连接受到限制以及缺少父母的支持。

实践者研究专栏2.1

梅根·吉兰——关于学生家庭作业用时和睡眠时间的研究

梅根为赫特福德郡与巴克斯郡挑战合作伙伴中心的家庭作业项目进行了

一些研究，其内容是抵达自由学校的学生花在家庭作业上的时间以及他们的睡眠时长。梅根认为，学生睡眠不足可能与家庭作业没有直接关系。但如果学生在同一个任务上花费了过多的时间，这可能就有关系了。

11年级学生的回答显示，他们完成作业的时间存在很大差异——有9%的学生没有完成作业，有3%的学生花了3.5小时做作业，有34%的学生回答说他们花了2—3个小时完成家庭作业。同样，7年级学生也存在显著差异：有13%的学生没有完成作业，有5%的学生花了3.5小时做作业，有35%的学生估计他们平均做作业的时长只有1小时。由此，学校通过研究家庭作业的最佳时长，重新制定家庭作业政策，明确了写家庭作业的时间。

教职工于在职教育培训（INSET）期间也学习了这方面的课程，该课程还提到了学生的幸福感。

梅根还发现在接受调查的7年级学生中，有66%的人表示他们的睡眠时长少于9小时，即11—12岁儿童的每晚建议睡眠时间。63%的11年级学生表示，他们的每晚睡眠时间少于7个小时，而建议的睡眠时间是每晚9个小时左右。当然，原因可能是多方面的。但我们清楚地意识到，家庭作业可能会影响那些更加勤奋和焦虑的学生的睡眠模式。这也包括在梅根的训练课程中。

梅根向抵达自由学校的研究小组介绍了这项研究。她所教班级在理科系中排名第2。

针对这一点，第7章讨论了我们计划如何减轻上面提到的问题，并确保给学生布置符合最佳作业时长的家庭作业量。第8章论述了关于不同年级的最佳作业时间的实用建议，以确保学生能够完成家庭作业。第9章建议将这一研究的内容纳入家庭作业政策。

把作业分成小块

家庭作业如果要产生最大的影响，就不应该涵盖大量的知识，而应该集中在某些领域。例如，有研究表明当允许学生练习更少的技能或概念时，他们能学到的东西更多。为了使学生能正确地理解，复杂的步骤应该被分解成更小的部分，或者专注于特定的技能。我们学校的学生也喜欢把家庭作业分成小块来完成（参见实践者研究专栏2.2）。所有这些观点都将在第3、4、7章中进行更深入的探讨。

实践者研究专栏2.2

普里亚·帕特尔——学生对数学家庭作业的看法——非结构化访谈

普里亚在抵达自由学校为赫特福德郡与巴克斯郡挑战合作伙伴中心的家庭作业项目进行了关于学生对家庭作业看法的研究。她在9年级的数学课上进行了各种各样的非结构化访谈。普里亚向学校的研究小组汇报了她的研究。

如果学生们能专注于他们最初难以完成的任务，那么当开始掌握解决的窍门时，他们会发现家庭作业是有益的，或者说是有效的。

一名学生向普里亚解释说，这些作业需要定期布置，但作业量不能太多。另一名受访的学生也表示，强化课堂所学知识的作业对他来说很有帮助。然而，同样的学习主题以一种“匆忙”的方式被布置了太多的作业。由此，普里亚强调短小而简洁的数学作业的重要性，并表示要注重每天布置的练习作业。数学是抵达自由学校的一个例外，因为它是唯一一门每天都布置作业而不是每周布置一次作业的课程。

普里亚是赫特福德郡圣奥尔本斯圣哥伦巴学院的一名数学老师。

整体思维的重要性

最后，我们需要警惕把花在家庭作业上的时间直接等同于成绩的想法。正如马扎诺和皮克林所言：一般而言，家庭作业的积极影响取决于学生完成的作业内容，而不是花在作业上的时间。因此，临时布置的那些计划不周的家庭作业可能会对学生的成绩产生不利影响。影响学生在规定时间内有效完成作业的另一个因素，是教师布置的作业量。如果没有针对这些因素进行统筹规划，学生可能很难完成布置的作业。麦克贝思和特纳指出，糟糕的课程计划表有时会导致学生有太多的家庭作业要应付。他们认为，“期望学生自己去解决因课程计划表缺乏协调而产生的问题是不合理的”。他们提出了解决此问题的两种方法：（1）为家庭作业的分配制定时间表；（2）为学生应对此问题提供系统的指导，包括给予充分的作业说明。贝克在诺福克郡克罗默市的一所学校进行的研究中，也强调了作业计划的重要性。作业计划不仅被视为成功的工具，而且受到了学校里许多学生的赞赏。第7—9章将呈现更实际的策略。

涉及的其他领域

在完成本章的讨论之前，我们应该注意到有大量关于家庭作业的具体研究并没有被包含在这一章的内容里。例如，有的研究聚焦于社会经济学、性别和种族对家庭作业和成绩的影响，还有的研究是关于家庭环境和父母态度对于作业的影响。虽然后面的章节里会提到其中的一些内容，但在赫特福德郡与巴克斯郡挑战合作伙伴中心研究项目的博客中可以找到关于这些特定领域更详尽的分析。

第2章的要点

- 从本章开头就在讨论的大量元分析和贯穿始终的其他研究中，可以明显地看出家庭作业确实会影响学习和成绩。尤其是在中学阶段，效果更加明显。
- 尽管这种影响很小，对造成这种影响的原因也仍没有定论，但教师不能以没有影响或没有证据为理由忽视家庭作业。
- 如上所述，这项研究仍被许多变量和存疑的方法所干扰，但研究者很清楚地认识到了这一点，他们都呼吁针对家庭作业的影响进行更多的研究。这当然也包括像我们这样的教师通过研究来改进自己的实践。
- 我们不应该布置太多的作业，而是应该有一个最适合的作业量。
- 从学生的角度出发，我们需要把家庭作业布置在适合学生的能力水平上，确保他们能够完成作业，并将作业要求解释清楚。换言之，它应该是“可控的”。当家庭作业变得易于掌控时，学生就可以在最佳时长（曲线型）内完成作业。还需要在作业中布置适当的挑战，这其中可能包括“被分成小块”的高质量作业。
- 为确保上述问题得到解决，学校领导需要针对作业进行整体规划，并制定相关的作业政策。
- 就小学阶段而言，因为学生们的基本读写和计算能力不足，阻碍了他们的学习，可能需要更多地考虑如何布置和管理家庭作业。
- 其中一些问题将在后面的章节中重新讨论。

这项研究还不完善，仍有改进的空间，但这并不意味着我们能够低估家庭作业对学习和成绩的影响。

拓展阅读建议

1. 苏珊·哈勒姆（Susan Hallam）、琳恩·罗杰斯（Lynne Rogers）（2018b）《家庭作业的实证研究》（伦敦：伦敦大学学院教育出版社）

Hallam, S. and Rogers, L. (2018b). *Homework: The Evidence.* London: UCL Institute of Education Press.

- 任何想要真正理解家庭作业研究及其研究范围的人都应该购买这本书。作者对大量关于家庭作业的研究进行了权威的、批判性的综述，涵盖的内容远超本章涉及的研究，既有针对性别、种族和社会经济学等方面的研究，还有对教师、学生和家长作业观的深入分析。

2. 哈里斯·库珀（Harris Cooper）（2007b）《家庭作业争议背后：管理者、教师与家长的共同立场》

Cooper , H. (2007b). *The Battle Over Homework: Common Ground for Administrators, Teachers, and Parents* (3rd ed.). Thousand Oaks, CA: Corwin Press.

- 本章之所以大量引用了库珀的研究，是因为他主导了家庭作业研究的进程。这本书将他的发现和思考汇集成一册，书中的部分内容还可以依据他的知识背景进一步扩展，是理解库珀（和他的同事们）在家庭作业影响研究领域所做贡献的一个简洁而有用的途径。

第3章

哪种类型的家庭作业最有效

基于有关家庭作业类型研究的简要概述、来自认知科学的观点和赫特福德郡与巴克斯郡挑战合作伙伴中心的研究项目成果，本章提出了一个关于为什么练习作业和预习作业比其他类型的作业更有效的论点。随后，本章不仅讨论了除练习作业和预习作业之外的其他类型的家庭作业的作用，还讨论了尽管有一些积极的方面，但这些类型的作业对学习和成绩的影响较小的原因。

正如前一章所述，尽管研究者已经发表了很多关于家庭作业的文献，但这些文献可能会让人非常恼火，因为许多研究者在评估家庭作业的作用（或局限性）时，没有定义不同类型的家庭作业的作用。因此，本书将努力辨别不同的家庭作业类型，并对关键类型的家庭作业进行分类。我接下来将论证的练习作业和预习作业比其他类型的家庭作业更有效的观点是存在争议的。尽管其他类型的家庭作业可能也有其作用，但从长期来看，创新型作业、合作型作业和基于项目的作业对学生学习和成绩的影响是有限的，特别是在帮助学生掌握学科知识和技能方面影响很小。我将基于参与赫特福德郡与巴克斯郡挑战合作伙伴中心研究项目的同事的观点、来自英国的2259名教师的意见和我自己的学生的想法，为本章提出的观点寻找各种证据（见实践者研究专栏3.1）。因此，为了证明练习作业和预习作业的有效性，本章将对练习作业、预习作业、拓展型作业、项目式作业、创新型作业、合作型作业、复习和收尾型作业进行比较（简要的说明和示例见表3.1）。

实践者研究专栏3.1

赫特福德郡与巴克斯郡挑战合作伙伴中心家庭作业研究项目的主要发现（2017—2018年）

该中心的家庭作业研究项目收集了教师、学生和家长的意见。这些意见来自我所在的学校、两所非选择性综合学校、两所部分选择性学校和一所选择性文法学校。一所不属于该中心的小学也参与了后期的研究。很明显，大多数接受调研的同事和参与研究实验的学生都认为练习作业和预习作业是最有效的家庭作业类型。以下为本研究中的关键内容：

- **我的同事**。抵达自由学校69%的教师参与了一个为期一学年的家庭作业工作组，该工作组由18名教师组成。他们在进行研究并在各自的学科布置了不同类型的家庭作业后认为，练习作业对学生的学习、进步和成绩的影响最大。相较而言，创新型和收尾型家庭作业对学生的学习、进步和成绩的影响最小。教师们确定了作业的类型，并就如何对作业进行分类达成了一致意见，这一分类方法与表3.1的分类类似。
- **其他学校的同事**。在中心其他学校完成的研究中，研究者的共识是：练习作业和预习作业比其他类型的家庭作业更有效。详见第5章中“实践者研究专栏5.1”和劳拉·柯蒂斯的研究工作。同样，当地一所小学中80%的教师（来自20个样本）认为对于5—11岁的学生来说，练习作业是最有效的。

- **学生**。在一项针对50名学生的调查中，74%的学生认为练习作业对于提高他们的考试成绩作用最大。学生们被要求完成不同类型的家庭作业，然后定性地评估哪些作业能提高他们的知识水平、信心和考试技能。尽管研究结果是主观的，但他们确实经由评估工作做出了这一判断。
- **两个对照组**。实验结束时，分别有91%和92%的学生达到了目标（他们只做练习作业），而在实验前（混合布置不同类型的家庭作业），只有45%和79%的学生达到了目标。
- **教师塔普**。我们在教师塔普上通过提问的方式进行了一项针对学生和教职工的快速调查，超过2259名教师参与其中。该调查结果也印证了我在自己学校进行的针对学生和教师的调研结果。大多数（62%）教师认为，以课堂上已经教过的内容为中心布置练习型家庭作业，对学生的成绩“最有帮助”（尽管有多个选项）。

而家长们则有不同的观点。只有14%的家长认为练习作业是最有效的作业类型。在这项调查中，有25%的家长选择了创新型作业，也有25%的家长没有选择任何选项。本次调查共有64位受访者。因为教师是设计、布置和评估家庭作业的人，所以我认为教师的观点对于理解家庭作业是必不可少的，并较为依赖他们的意见。

当然，该项目受到地域限制，仅对一所小学进行了调研。但它确实允许受访者探索不同的作业类型在当前情境中的影响。附录2和附录3对该项目的情况进行了更全面的分析。另一名受访的学生也表示，强化课堂所学知识的作业对他来说很有帮助。

表 3.1　常见的家庭作业类型

家庭作业类型	说明	示例
练习作业	与已教授的内容直接相关的问题、练习或任务。	普通中等教育证书或英国高中课程的考试题、历年真题、以前教过的技能、复习关键学科知识的低风险测试等内容；在小学阶段练习字母组合、数字组合、乘法表等。
预习作业	为即将到来的课程或系列课程做准备。	在英语课之前阅读课文，在上法语课前学习词汇等等。
拓展型作业	用时更长的家庭作业，让学生独立且深入地研究新内容，自己学习新思路，或将这两种活动结合起来。	给学生较长时间调查第一次世界大战的各种起因；撰写书评（非课程内）；就感兴趣的问题在报纸上发表文章；为了完成一个关于罗马人的学期项目，学生可能去参观名胜古迹等。
复习作业	在准备评估或考试时重新研究已经学过的内容。	传统的复习方法包括重读笔记、重做试卷、做额外的笔记等。
创新型作业	作业的要求涉及制作东西，尤其是那些涉及艺术和想象力的作业。	在科学课上制作可以移动的植物细胞，在历史课上制作中世纪盾牌，在宗教课上制作伊斯兰教海报等。
合作型作业	要求学生结对或以小组为单位完成作业。	演讲、联合研究项目、角色扮演、通过小组讨论来解决问题等。
收尾型作业	完成课上未完成的工作。	完成没记完的笔记，不完整的涂色，课本上没完成的问题等。

关于练习作业和预习作业比其他类型的作业更有效的研究

一些研究者似乎正在缓慢形成一种共识，即练习作业和预习作业对发展学生的认知能力（*尤其是学术能力*）而言是最有效的。

许多人认为，家庭作业的目的是巩固学生在课堂上所学的知识，尤其是数学、科学和语言等线性习得学科。但是对于其他所有学科而言，家庭作业在保留和应用学科知识方面也是必不可少的（例如，见实践者研究专栏3.1）。

尽管库珀发现练习作业和预习作业在学生对于家庭作业的态度方面影响有限，但它们对即时测试和延迟测试成绩的影响更明显。将练习作业和预习作业与其他作业结合起来完成的学生成绩比同龄人高出54%。18年后，库珀还提出“通过配置家庭作业的内容，让其包含对于学过的内容的练习，或预习未来的课程内容所需的材料，或两者兼而有之。这样的作业比只包含当天学习内容的作业更有效”。这意味着，拓展型家庭作业比练习作业或预习作业的影响更小。如果这些作业是在一段时间内零散布置的，那就更是如此。哈勒姆也指出，“有证据表明，在即时测试和延迟测试成绩方面，包含预习、练习或两者兼有的家庭作业比只关注当前课程内容的家庭作业更有效”。

如果布置得当，练习可以说是完美的作业类型

根据上述观点，马扎诺、皮克林和波洛克（Pollock）提出，当以练习为目的布置家庭作业时，最好是围绕学生学过且熟悉的知识和技能来组织任务。例如，如果要让学生在作业中练习一项在上节课学过的技能，那么他们需要在做作业前就已经学习了该技能。从本质上说，让学生练习一项他们不熟悉的技能会导致误解和错误，而这些错误很可能会重复出现。学科知识的应用也是如此：如果学生需要概述、解释、分析或评估一个测试其所学知识的问题，那么在尝试回答之前，他们得先学习所需的知识和技能。研究还表明，如果定期布置练习作业，那么学生回答问题的速度和准

确性都将提高。这些都是衡量家庭作业有效性的关键指标，也是随着时间的推移而取得的进步（同上）。练习作业给了学生很多机会来练习以前在课上学过的内容，这将为新内容的学习奠定基础。教师通过经常布置以练习和应用课堂上获得的学科知识或技能为中心的家庭作业，可以为学生提供更多的机会，使他们能够熟练地掌握所学的知识和技能。根据马扎诺的研究可知，如果学生能“总结作业中学到的东西，并反思自己的努力程度”，练习作业将产生更大的影响。

研究合集3.1

教师发展信托的首席执行官大卫 · 韦斯顿对家庭作业的思考

当被问及家庭作业的潜在优势是什么时，大卫说：“练习、巩固和拓展所学的知识，为下节课做准备，或产生一些用来讨论和反馈的内容。”他认为：“家庭作业也能培养学生的学习习惯，鼓励他们用更多时间去反思（在学校学习过的）学科或主题。”值得注意的是，大卫使用了“学习”和“反思”这两个词，它们强调了建构和反思课上所学内容的重要性。

做好准备

马扎诺基于上述重点关注练习作业的研究提出，还应该给学生布置家庭作业来预习新的内容或为新的学习做准备。然而，如果想要预习作业真正发挥作用，仍然需要教师来进行计划和指导。例如，李（Lee）和普鲁伊特（Pruitt）认为，预习作业的一个常见问题是缺乏明确的指导。缺乏明确的指导意味着学生可能会学习错误的内容或对所提供的信息感到困惑，还可能导致学生不理解这项作业的目的和它在后续课程中的作用。他们还指出，任何预习作业都应该立即进行评估或在下一课中持续跟进。现在许多研究者也主张用小测验等低风险的测试方式来进行评估。爱泼斯坦（Epstein）和范沃里斯（Van Voorhis）认为，经过精心设计的预习作业可以“激发学生对于一个主题的思考”。例如，教师要求学生为在课堂上写的文章提前列出提纲。因此，只要预习作业是经由教师计划的，就可以“让学生做好准备，并从后续的课程中获得最大的收益”。布吉斯（Bujis）和阿德米亚（Admiraal）认为，分析性的预习作业策略可以增加学生专注于作业的时间，提高其在后续课堂上的参与度，成为“有效的”作业任务。

认知科学和循证的最佳实践

在没有更多关于家庭作业类型研究的情况下，可能有必要超越对家庭作业的研究，简单地看看目前在循证的最佳实践方面的研究趋势。不断增加的知识体系使人们认识到了提取练习、间隔学习和交错练习的重要性。这些观点将在接下来的章节中进行探讨。这些观点也与上面提到的马扎诺等人的观点类似，都强调练习之前所学的知识和提前预习的重要性。值得指出的是，一些研究者对这些策略能否用于家庭作业并进行广泛使用提出了质疑（见研究合集3.2）。

研究合集3.2

反对练习作业的理由

并非所有人都认为熟能生巧，特别是当练习作业逐渐成为单纯的训练时。例如，发展心理学家艾伦·兰格（Ellen Langer）认为，“当我们训练自己掌握某种技能并使其成为习惯时，我们可能会‘无意识’地执行该技能”。一些研究者认为，练习作业对于那些不明白自己在做什么或学习有困难的人而言可能是有害的。正如德弗里斯（DeVries）和科尔伯格（Kohlberg）所说，“这样的家庭作业让他们觉得自己很愚蠢，而且会让他们习惯于用错误的方式做事（因为真正被‘强化’的是错误的假设）”。

另一个可能削弱练习作业带来的影响的问题是，动机和兴趣是成功完成家庭作业的重要因素。有动机和兴趣的学生更倾向于完成自己的家庭作业。这可能对那些觉得练习作业是一份苦差事的人产生深远的影响。当前争论的问题是，基于练习的家庭作业可能不像创新型作业或拓展型作业那样能激发学生的兴趣（尽管几乎没有研究能证明这一点）。

尽管有种种顾虑，我仍认为练习作业可以超越单纯的训练，并包含各种类型的活动，如谜题或激发学生更多抽象思维的混合任务（见下一章的例子）。如果我们确保学生定期收到关于他们的家庭作业的反馈，那么肯定可以纠正他们的错误假设。

许多研究者质疑一些支撑项目式作业的关键观点，而项目式作业是一种常见的拓展型作业形式。例如，赫里斯托多洛（Christodoulou）认为，将项目式作业当作最好的学习方式的想法就像一个“神话”。因为学生们并不是专家，而项目式作业期望学生研究、理解，甚至解决新的学习领域中的问题，这是一个复杂的过程。对于赫里斯托多洛来说，认为学生只需查找资料而不会遇到错误的概念和不正确的想法，认为21世纪的学习方式有利于探究学习和自主学习等——这样的假设是存在很大问题的。另外，预计学生将使用图书馆、博物馆并购买项目式作业或创新性作业经常需要的资源——这一假设也是有问题的。它忽略了文化资本、物质匮乏和家长对家庭作业的参与度等问题。我们并不是认为这些任务应该被完全抛弃，但如果要使这些类型的家庭作业产生效果，就需要考虑清楚学生可能遇到的所有障碍。

其他类型家庭作业的作用：拓展型作业

虽然对学生成绩的影响较小，但有针对性地使用其他类型的作业也确实是有益的。拓展型作业可以让学生在课外加深对课堂上所学主题的理解，还可以拓宽学生的知识面，让他们将教学内容和其他领域的知识建立联系。许多教师会把这些思维活动等同于布鲁姆（Bloom）提出的高阶思维技能以及批判性思维。正如李和普鲁伊特所说，拓展型作业可以给予学生将新的技能或概念迁移到新的情境中的机会，这与布鲁姆的分类法相呼应。布鲁姆的教育目标分类法提出，综合和评价是比认知并记忆更高阶的认知技能。李和普鲁伊特认为，拓展型作业与练习作业相比，在应用程度和抽象思维的要求上有所不同，练习作业对思维的要求非常低。虽然我并不赞同后半句，但如果学生有兴趣和足够的参与度，通过拓展型作业进一步学习，必然会拓展他们对抽象思维的应用。拓展型活动可以为“能力更强”的学生以及对该学科感兴趣的学生（无论能力如何）提供有效的“拓展和挑战”任务。他们认为拓展型作业的一个很好的例子是对不同革命进行比较和解释。如果在课堂上学习了法国大革命，那么学生可以回家将其与美国革命进行比较。英国的学生或许可以比较都铎王朝的君主们或20世纪30年代不同极权主义政府的兴起。李和普鲁伊特还举了这个例子：利用课堂时间学习两个人体器官之间的关系，然后布置家庭作业要求学生就这一关系进行补充解释。

然而，家庭作业中拓展任务的应用并没有完全解决学生产生错误观念的问题，也没有完全解决如何应对态度较为冷漠甚至是一些能力较差的学生的问题。如果只给他们有限的指导，期望他们通过内驱力来“拓展”学习，那么他们在做作业时可能会很挣扎。我认为，布鲁姆的高阶技能可以成为练习作业和预习作业的一部分。例如，可以在即将到来的英语课上选择课文中最重要的部分进行引用，这表明评价可以成为预习作业的一部分。

科尔诺（Corno）对拓展型作业的看法与李和普鲁伊特的观点类似。科尔诺参考希尔（Hill）的研究后提出，一些家庭作业可以利用学生的家庭经验，从而丰富学校的学习内容。这种方法强调学生的“个人历史”，以此进一步吸引他们参与学习。希尔认为“当教师鼓励学生参加校外日常生活中的活动时，他们的学校参与度会更高”。为了说明这一点，希尔举了这样一个例子：学生们放学后在校外的池塘里捉蝌蚪，将它们分类并进行研究，之后在学校里与老师讨论这个问题。“机敏的教师会系统地支持他们的学生将生活经验与学校经验相结合。”我们认为家庭作业是多方面的，因为主动学习可以与合作学习一起进行，如此可以促进学生更多地参与课堂。这种学习方式不太适合直接布置练习作业和预习作业。但这里有一个提醒，即不要假设所有的学生都有机会和途径在校外获得这些经验。我也会疑惑：在课程时间有限的情况下，现代教师是否有时间将学生的兴趣爱好与他们的教学大纲和课外活动联系起来？

项目式作业

许多人认为，通过拓展型作业（如项目式作业）来丰富课程，可以让学生在家中进一步发展他们的兴趣。拓展型作业还可以培养学生的自主学习能力，锻炼其自我调节的能力，让学生参与比学校课程内容更广泛的学习，例如，使用公共或专业图书馆，以及参观博物馆或其他校外地点。随着时间的推移，项目式作业使学生能够运用他们的批判性思维，发展沟通技能和与他人合作的能力，并在作品制作中发挥创造力。项目式作业让学生在他们做研究或决定研究内容方面有选择的余地，在项目进行过程中也会提供不断反馈和修改作品的机会（关于选择和家庭作业的研究，见实践者研究专栏3.2）。许多人认为，项目式作业涉及大量问题的解决。支持者会强调项目式作业如何促进学生主动学习和高阶思维的能力发展。事实上，基于作业的项目任务是为了让学生积极地参与学习活动，例如，科学作业会让学生进行实验并汇报，就感兴趣的话题写论文或评论一本书等。

实践者研究专栏3.2

乔·凯里——我们如何引导学生真正享受在家学习

乔的赫特福德郡与巴克斯郡挑战合作伙伴中心/剑桥之星研究项目最初调查了140名学生和35名教师，收集他们对家庭作业的意见，然后选择了5个“创新任务”作为案例研究。乔和同事们通过仔细分析哪些事情对学生有用，构建了在他们的学校中使家庭作业具有吸引力的基本原则。他们的目标是生成一个可修改的任务列表，让教师们能加入自己的想法。该研究选择的作业任务借鉴了凯尔（Carr）的研究观点。凯尔认为高质量作业的特征是有目标的、效率高的、自主的、有技能的和美观的。实验的具体任务包括以下内容：

- “让我吃惊的家庭作业”。给学生们一个时间范围和一个大致的主题范围。他们必须以自己选择的任何形式来完成一份家庭作业。

- “你选择的家庭作业”。学生们需要想出2—3种方法来证明他们已经巩固了所学知识。然后全班同学从列出的选项中挑选方法。
- “你设计的家庭作业”。每节课选择一个不同的学生，为班上其他学生设计一个家庭作业任务。然后将其复印并分发给每个小组，以组为单位完成作业。
- “交给你了的作业”。每个学生都被分配到一个不同的主题中，或负责部分工作。他们需要用讲义或直观的教具向全班同学介绍这些内容。
- “实地的作业”。学生们被安排在特定地点完成一项任务。他们必须在提交作业的同时附上他们完成作业的地点的照片。

与中心内的其他研究相反（见实践者研究专栏3.1），这项研究主要强调练习的布置和具体结构化的预习作业。乔的研究结果表明，学生在决定完成什么家庭作业时喜欢被赋予自主权和自由。这5种家庭作业任务各有各的好处。乔和他的同事们发现，当专门设计这些任务来鼓励学生自己仔细选择和消化信息时，能提高学生的参与度。因此，乔建议教师让自己的学生尝试去做这些任务。

当然，这项研究是根据其调研学校的具体情况而定的。

乔是赫特福德郡哈彭登市的约翰·劳斯爵士学校8年级的负责人。

如果不再定期地复习这些项目，那么这些项目对学生长期记忆的影响和对成绩的后续影响是值得怀疑的。如前所述，已有大量的证据表明，至少在小学阶段，学生应该以“小块”的形式接受教育。学习过程中的这些步骤应该是经过深思熟虑的、循序渐进的，并让学生有足够的机会进行练习。例如，我还记得和儿子在伦敦科学博物馆花了几个小时完成了学校布置的太空探索项目。我们度过了奇妙的一天。然而，当我6个月后再问他宇航员之间的区别时，他已经完全忘记了。这个项目是有深度的，而且我们也一起共度了难忘的时光。但我觉得，如果儿子要把这些知识储存在他的长期记忆中，就需要定期针对这些知识进行提取练习。虽然我仍然希望儿子的老师能布置这些家庭作业，但我不会幻想这些作业一定会让他在科学学习方面取得进步。需要补充一点：我的儿子很幸运地被带到了世界上最著名的一个科学博物馆中，但并不是每个孩子都有这个机会。

创新型作业

李和普鲁伊特研究了创新型作业的布置及其对学生的影响。例如，创新型作业可以要求学生将精细的动作技巧与他们对所学内容的概念性理解结合起来。麦克贝思和特纳等研究者还发现，学生们通常喜欢富有想象力和具有创新性的家庭作业，这些特性可以成为促使他们完成家庭作业的巨大动力。除了创意艺术学科，还可以在人文学科中创建复杂的历史人物大事年表，或在商业研究中创建广告海报。我见过的最漂亮的家庭作业包括建造历史上的中世纪城堡，以及从超级英雄到埃及人的各种项目（小学阶段）。这些项目通常包括建立模型、绘制插图和使用丰富的想象力拓展作品（如日记）等内容。

尽管如此，创新型作业仍旧存在一些问题。虽然学生（和成人）经常对完成的作业有模糊的记忆，一些家长可能还会保留这些作业，但问题在于，**如果不通过提取练习等练习作业来重温所学的事实、思想和概念，这些知识是否总是能被存入长期记忆？**西利（Sealy）将这些令人难忘的活动称为情景记忆，它具有高度的情境性，与我们当时的感官体验和情感联系在一起。例如，我还记得自己和儿子花了几个小时的时间，用我们从当地自然保护区收集的木材、大量的油漆和胶水制作了一个落基山脉的模型。这很有趣。然而，与我们参观科学博物馆的情况类似，几个月后，儿子还记得那个模型和森林之旅，但他无法解释落基山脉的生态系统，而这正是该主题的核心学习目标。与情景记忆相对的是语义记忆，它是没有背景的，而且基本上没有情景记忆中的感官和情绪反应。它需要更频繁的练习，而且适应性更强，因为它与自传体记忆（指对个人复杂生活事件的混合记忆）无关。如果在考试中回忆起来或应用于新的学习情况，自传体记忆可能会变得模糊和不准确。此外，创新型作业往往涉及资源的利用，这可能像前文不断提及的那样，会影响来自更弱势家庭的学生。诚然，这些家庭作业可以是丰富的和有价值的，但它们确实有明显的局限性（见研究合集3.3）。

研究合集3.3

特许教育学院首席执行官艾莉森·皮科克教授对家庭作业的研究

皮科克教授强调了文化资本和其他生活机会对家庭作业的重要性。她说：

对于许多家庭而言，家庭作业可能会成为一个战场。它还会加剧家长之间的竞争——哪个家庭能制作出最复杂的喷火式战斗机模型，能创造出最华丽的服装，能准备好项目文件等等。最好的情况应该是，家庭学习任务在某种程度上是开放的，让个人或家庭去响应，而不对结果进行指责……广义上的家庭学习和生活经验对学业成就产生影响，可能是未来学习成功的最大决定因素之一。这与通过旅行、交谈和与感兴趣的成年人进行辩论等丰富的经验所获得的一般知识和文化资本有关。

她也认为，如果家庭作业能让孩子们有机会“独立练习他们在学校所学的知识，或参与预习和翻转学习”，那么家庭作业在孩子们的生活中就有一席之地。

合作型作业

也可以说，非练习或预习的家庭作业可能会增强学生在校外的互动，使他们更广泛地参与学校生活。例如，布吉斯和阿德米亚发现，虽然学生们认为通过碎片化测试进行的实践评估对他们成绩的影响最大，但研究也发现拼图评估在做作业和参与课堂的时间方面产生了最大影响。拼图评估是把学生分成小组并促进他们之间进行高度合作的评估方式。爱泼斯坦和范沃里斯同样认为，家庭作业的设计初衷是鼓励学生进行合作，这反过来又可以激励他们互相学习。合作可以是正式的，有指定的角色和目标；也可以是非正式的，学生们只是简单地谈论他们是如何完成任务的。甚至有证据表明，合作完成家庭作业可以提高英语和数学成绩。在家庭作业设计中，最好将合作这一要素放在拓展型作业中，这样既可以让学生分开处理作业，又让他们有更多的时间一起活动。然而，我从自己布置这类家庭作业的经验中发现了一个问题。我赞同这些活动是有益处和丰富的。但这受到所有学生齐心协力地合作、教师正确分组或完全相信学生能够明智地选择自己的合作者等因素的影响。我已经数不清有多少次，学生们因为意见相左而未能完成工作，小组中的一位成员没有完成某些部分的任务，或者有明确的证据表明有人替小组内其他人完成了大部分工作。如果合作型作业对你的学生和你的课程而言是有用的，那么可以使用它，但不要依赖它。

复习和收尾型作业

复习与家庭作业之间有着有趣的关系，我们将在第5章中进行更深入的探讨。研究表明，如果复习时需要一定的技巧，比如自我测试或细化的提取练习，那么复习的效果会更好。在不同的时间进行复习或交错复习会更有效。从实质上说，交错复习是将所有主题混合在一起进行复习，而不是分类复习。后面的章节会讨论这些具体的策略。因此，复习有助于学生通过进一步自主应用知识和技能来巩固课上学到的知识。从某种意义上说，制定一个复习历年真题的时间表，是很适合学生的一种有效复习方式。显然，项目式作业在复习阶段是多余的。除非创新型作业是双重编码练习的一部分或支持视觉知识组织者，否则它带来的影响也是有限的。

另一个重要内容是如何指导学生复习。这一点将在第5章中讨论。研究表明，学生们感到很难安排自己的课余时间，而且他们也很难做到自律。事实上，我们在上一章中就阐述了，使家庭作业变得易于管理是教师能够帮助学生的关键之一。如果教师教给学生复习的策略，并给他们提供复习时间表，就会对他们的复习有所帮助。

最后，收尾型作业的确是由课堂上缺乏节奏和计划造成的。尽管它是教师们布置的最多的家庭作业之一，而且常常受到学生的喜欢，但它的有效性与课堂上的活动直接相关。在课上老师可以帮助学生澄清误解，纠正错误，回答那些很难找到答案的问题，其中一些内容在缺少教师引导的家里完成可能会收效甚微。而且在课上还可以通过同学互助和小组合作解决问题。此外，单纯地因为教师没有事先规划出更有效的家庭作业而布置收尾型作业是一种危险的做法。

第3章的要点

- 虽然有一定的局限性和争议，但学术研究倾向于认为，许多类型的家庭作业是无效的。作业内容应该更集中在对学过的知识进行回忆、应用和对考试题型的练习上，或者发现更多建设性的方法，让学生为以后的课程做准备。
- 赫特福德郡与巴克斯郡挑战合作伙伴中心的研究认为，练习作业和预习作业对成绩的影响比其他类型的作业更大，在中学阶段效果更明显。
- 中心的研究小组在评估有影响力的家庭作业类型时，考虑到了预习作业的重要性。但我个人的研究和经验发现，练习作业的影响力远远超过预习作业。
- 目前课堂最佳实践的研究趋势，特别是关于循证教学的研究，为“练习作业和预习作业比其他类型的作业对学习成绩的影响更大”的观点增添了砝码。
- 尽管关于作业类型的研究会存在意见的分歧，但我认为许多主张学生应专门完成拓展型、创新型或合作型作业的学术文章，已经被认知心理学的最新发展所取代。
- 这并不是说拓展型、创新型或合作型作业在更宏观的作业计划中没有一席之地，家庭作业的类型应是丰富的。但是，在布置这些作业时，我们必须考虑到文化资本、社会经济和学生家庭环境的影响。这些作业对学生成绩的总体影响较小。
- 后面的章节将从更具实际意义的层面来探讨这些想法，并为改进我们布置、批改和反馈家庭作业提供策略。

拓展阅读建议

1. 小杰克逊·F. 李（Jackson F. Lee Jr）、K. 韦恩·普鲁伊特（K. Wayne Pruitt）（1979b），《家庭作业辨析：是课堂游戏，还是教学工具？》

Lee, J. F . & Pruitt, K. W. (1979b). Homework Assignments: Class Games or Teaching Tool?

虽然这篇文章有点过时了，但它是为数不多的真正深入研究家庭作业类型的文章之一。我将它放在这里，是因为作者提出的许多观点都与本章所表达的思想相悖。它既包括对练习作业、预习作业、拓展型作业和创新型作业的讨论，又对这4种类型的作业进行了评估。

第4章

记忆和提取练习

本章讨论了知识在家庭作业中的重要性，尤其是过去10年的教育改革强调了知识丰富课程的中心地位。这也为讨论利用家庭作业来提高学生的长期记忆和回忆事实的能力的重要性奠定了基础。通过将认知科学的研究成果和同事们的观点相结合，本章将聚焦于在家庭作业中运用的提取练习。

阅读本书的教师或实习教师应该都接受过关于提取练习的培训。当我提出要做关于提取练习的专题培训时，一位大学讲师在电子邮件中对我说“目前有点时髦”。这倒是真的。当我在1996年参加教学培训时，大多数倡导的策略都是围绕着主动学习、小组合作和生活技能等方面展开。此外，在执教的最初几年，我参加了无数次关于学习方式、培养学习能力和个人学习与思维能力等内容的在职教育培训（INSET）。有一次，由于我的学生在英国高中课程的考试中成绩没达标，我被带去参加一个教育慈善机构的培训。该机构告诉我，为了让学生通过自主学习提高成绩，我应该“更像一个促进者，而不是一个老师”。虽然其中的一些想法并不是学习方式，但仍有其存在的意义。我基本上忽略了培训时告诉我的一切，继续以温和的说教方式进行教学，在课上用大量的视频片段来吸引学生，定期进行提问，最后布置大量的练习题。从结果来看，我做得很好。但我会时不时地患上冒充者综合征（指怀疑本身的能力，认为自己的成功均来自外界因素），总觉得自己的“成功”都是由于教学方式的运用，而不是我在课堂上的强大教学能力。

有趣的是，在职教育培训课程和教师培训也发生了很大的变化，因此我的讲师同事才使用了“时髦”一词。20世纪90年代末至21世纪初流行的许多观点要么已经被证明是无效的，要么在某些情况下被完全推翻了。正在这时，提取练习、低风险测试、间隔学习和交错练习等概念脱颖而出。似乎有证据表明这些概念的兴起是合理的。在本章中，我将尝试把与提取练习相关的研究与家庭作业的布置联系起来。（有关低风险测试的内容，请参阅第6章；第7章将介绍间隔学习和交错练习的相关内容。）我还会借由我和同事们实践和测试过的实用策略来阐明我的观点①。要提醒大家的是，虽然本章使用了很多当前“时髦”的专家所倡导的教学策略，但部分关于家庭作业的布置和编写的内容都是由我自己改编的，并不一定反映原研究者、作者或博主的观点。此外，这些直接或间接的联系可以被看作持续学习过程的组成部分，特别是在提取练习中。

尽管如此，在开始讨论之前，我们应当了解英国教师当前的期望。特别是推行英国国家课程的英格兰和威尔士教师的期望。在过去10年中，英国国家课程对知识和特定学科技能的重视程度日益提高，这进一步证明了提取练习在教学中的重要性，也证明了其在家庭作业中的重要地位。

---

① 赫特福德郡与巴克斯郡挑战合作伙伴中心的家庭作业项目在第2年（2018—2019年）完成了一项关于提取练习的联合研究项目。参与研究的学校定期开会研讨，评估完成的实验带来的影响，并分享最佳做法。后一年（2019—2020年），我们把重点放在对于交错练习的研究上（见第8章）。

背景：知识的中心地位

2013年，当时的英国政府认为英国的公共考试系统需要进行改革，其中包括普通中等教育证书考试和英格兰、威尔士和北爱尔兰的英国高中课程考试。在此之前，就有媒体和批评者不断抨击：现有的考试制度太容易了，不符合教育目标，而且分数的普遍偏高情况越来越明显。尽管一线教师对这些关于教育制度的攻击持谨慎态度，但部长及其顾问还是推行了全面改革。改革后，普通中等教育证书和英国高中课程的课程大纲更加以知识为基础（或者说，在数学和科学中，更侧重于定量解决问题）。2013年，正如时任英国教育大臣迈克尔·戈夫（Michael Gove）所说：

> 改革后的普通中等教育证书课程必须优先考虑延伸性评估，它真正测试了学生在掌握知识和学习能力方面的深度和广度……对内部评估和考试辅助工具的使用应该保持在最低限度，且仅在令人信服的情况下使用，为指定的课程内容进行有效的和深入的评估。

例如，改革后的英语文学在普通中等教育证书考试中完全是"闭卷考试"，学生们无法将他们已经准备好的文本带入考场。与过去的"开卷"考试不同，现在的考试更注重考察学生的记忆力以及他们回忆（或检索）关键引文或叙述的能力，比通过让学生浏览文本来检查他们的理解能力和提取关键信息的能力更难。尽管试卷中仍然提供了必要的课文摘录，但更加强调根据记忆批判性地比较一系列文学作品。学生除了需要应用相关技能来阅读、分析和评估这些文本，还必须回忆文本中的关键信息。如果没有提供课文摘录，会更具挑战性。改革并不局限于中学，英国国家课程的变化也影响了小学。这次改革更多地考虑事实和人物特征，比如，按时间顺序理解历史事件以及理解英语的语法规则和与之相关的术语。改革将重心放在以形式为中心的语法方法，而不是以意义为导向的方法上。这增加了语法术语教学的复杂性，所以教师必须参加培训来了解这些术语的含义。

显然，戈夫和他的同事将知识作为本次改革的中心。他甚至表示，“我们新课程的每一部分都肯定了知识获取的重要性”。例如，在数学课程中教授“对于表格的记忆、长除法的书写方法和分数计算”；在科学课程中强调“可以促进（学生）正确理解自然世界的科学原则和规律”；在地理课程中强调“适当了解位置的相关知识，了解如何通过地图确定河流和海洋、城市和大陆的地理位置”；在外语课程中明确强调“翻译的重要性，要研究具有公认价值的外语文学作品”。

本次改革对知识增长的高度关注得到了一些人的支持，但也受到了包括教学工会在内的另一些人的谴责。一些研究者强烈建议，只要教师通过有针对性的活动仔细规划他们的发展，儿童就能够掌握复杂的时间概念，如理解按时间顺序排列的事实。艾瑞克·唐纳德·赫希（E.D.Hirsch）认为，所有学生都需要在核心知识课程的基础上，以高度组织化和结构化的方式学习事实。戈夫也受到了赫希的著作的影响，他和另外一些政府部长，如尼克·吉布（Nick Gibb），都提到过赫希和其他倡导教师教授更深入的学科知识的人，如赫里斯托多洛。显然，这些思想家影响了我们在学校教授的内容以及教学方式。

那么，这究竟与提取练习和家庭作业有什么关系？虽然我经常与戈夫的想法产生分歧，但也许可以通过他的观点来回答这个问题。戈夫在强调知识在学习中的中心地位——这对英格兰和威尔士的学生来说已经成为现实——时，引用的是丹尼尔·T. 威林厄姆教授（Professor Daniel T. Willingham）的观点（威林厄姆是世界上最受尊敬的认知科学家之一）。威林厄姆认为，广泛的事实性知识是学生运用其他技能的基础，通常来说这些技能优于单纯的记忆。只有通过活动加强学生提取信息和知识的能力，使学科知识在长期记忆中得到巩固，事实性知识和数字才能被成功地应用于新的任务和挑战。在这一方面，我完全承认戈夫（或者说他所阅读的专家）的观点是正确的。他们认为，我们批判性思考、分析和评估一切信息（从对历史的解释到科学实验证据）的能力依赖于广泛的背景知识。正如戈夫所说，“来自学校、国家和科学家的累积证据几乎与任何公共政策一样无可辩驳”。正是在这里，提取练习开始发挥作用。提取练习与家庭作业的相关性是无法绕开的话题，因为家庭作业存在的一个关键理由是课程时间是有限的，学生需要更多的时间来练习和掌握学科知识和技能。这个观点在课程变得更加注重知识习得之前就经常被引用，但在课程知识倾向更明显的今天，这一观点尤为适切。

长期记忆和图式

虽然我不想提及过多的心理学术语和科学术语（这本书里已经有足够多的相关内容了，而且我不是认知心理学家或科学家），但有必要简要说明与长期记忆相关的图式的概念，还有与长期记忆并列的短期记忆和工作记忆的内容。从本质上讲，我们的短期记忆具有容纳少量信息的能力，这些信息被记住的时间很短。例如，在会议中讨论日期，你会倾向于快速将这些信息写在笔记本上，因为你知道自己很快就会忘记它。一些认知心理学家也提到了工作记忆，它可以与短期记忆区分开来，但二者经常被教师和培训者混淆。短期记忆仅限于信息的短期存储，而工作记忆可以对存储的短期信息进行应用、操纵和评估。工作记忆是决策的核心，但也是暂时的记忆，因为我们接收到的任何即时信息都会被遗忘，除非我们再次遇到它。另外，长期记忆是指无限期或长时间地存储信息。针对长期记忆有不同的理论和模型，也有不同的类型。我们关注的是使用家庭作业来弥合短期记忆、工作记忆与长期记忆之间的差距。

如果我们想将知识转化为长期记忆，那么了解图式的概念将是有帮助的（后面的章节会少量提及）。图式是帮助我们理解复杂对象和思想的心理学概念，通常将单个事实或概念分类成更大的事实和概念组，并且这些事实和概念是相互关联的。迪道（Didau）和罗斯（Rose）认为，大量的信息块可能会使我们的短期记忆和工作记忆超负荷，而图式让学生将较小的信息块连接成较大的信息块，更大的信息块会增加他们将新信息转化为长期记忆的机会。认知心理学家会经常谈到编码，编码可以被看作你最初学习某件事情的方式，可以包括信息的视觉、听觉或语义信息的传递。图式影响知识的编码和提取方式，这一概念的提出也支持了"我们的记忆是重新构建的，而不是一种随机发生的状态"的观点。

你可能又会问，这与提取练习和家庭作业有什么关系？从本质上讲，我们需要通过布置家庭作业，让学生们在课堂学习的基础上建立图式。将信息和知识编码到学生的长期记忆中是一个漫长的过程，而家庭作业是其中的一部分。学生还能够在考试和生活中的其他方面提取这些信息和知识。我们可以把家庭作业看作符合图4.1所示的知识获取过程的一部分：编码阶段、存储阶段和提取阶段。

这是相对直观的方式，因为教师为家庭作业布置的任务需要考虑如何对学过的信息和知识进行编码。为了帮助学生存储信息和知识，教师需要确保通过提取练习任务定期提取它们。正如麦克德莫特（McDermott）和勒迪格（Roediger）所说，"目前的重点是编码、存储和提取这3个阶段之间相互影响，并且密不可分"。

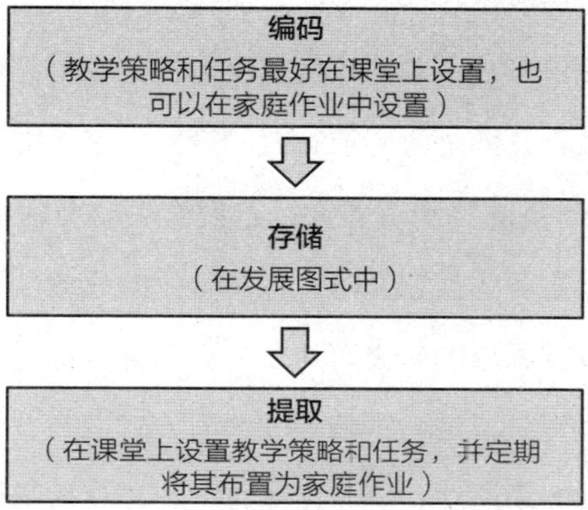

图4.1　记忆的阶段及其与家庭作业的关系

提取练习是什么？

布朗（Brown）、勒迪格和麦克德莫特认为，提取练习"不仅使记忆更持久，而且产生的知识更容易被提取"。提取练习是指学生通过支架式活动或学习活动从自己的记忆中提取信息，例如制作单词卡、使用纵横填字游戏或概念图。它还包括使用低风险测试的方法，例如多项选择题、课后习题甚至论文（在没有参考教科书或互联网的情况下完成）。尽管许多研究者将提取练习直接与低风险测试联系起来，但我会将其定义为任何让学生从记忆中提取知识的活动，例如，那些可以被定期布置为家庭作业的活动，它们让学生以有目的和有意义的方式回忆知识。除了简单地回忆信息之外，提取练习还包括回忆知识应用的技能。有目的的练习包括集中注意力、不断练习和重复以及定期的反馈。

有大量证据支持在课堂和家庭作业中使用提取练习。唐洛斯基（Dunlosky）等人关于有效教学策略的研究或许是一个很好的起点。通过综述各种研究，研究者总结了10种常用的教学策略。许多教师都知道这些策略，他们可能根据这些策略布置课堂任务或家庭作业。唐洛斯基也展现了可读性很高的学生工具包：促进学习的策略（见研究合集4.1）。研究者发现练习测试和分散练习是最有效的策略。这是因为它们可以影响学生的学习，"不论学生的年龄有多大，它们都可以增强学生对于大量材料的学习和理解，最重要的是它们可以提高学生的成绩"。

唐洛斯基及其同事的研究有几个方面与提取练习有关。第一，他们认为练习测试是最有效或最有影响力的学习方式之一，这与我们布置作业的方式有关。如前一章所述，练习作业对学习和成绩的影响比其他类型的作业更大，因此定期设置练习测试或者课后习题是有益的。唐洛斯基还认为，从短文到多项选择题等任何类型的练习测试，都可能对学习和成绩产生影响。就我个人的教学经历而言，我会经常从过去的论文中设置问题。正如我们在上一章中发现的那样，绝大多数学生都觉得这很有用。在布置问题后，我给每个学生发了纸张，上面有足够的横线供他们书写，以避免他们写得太多或太少（学生的笔迹也很重要）。这里涉及诚信的问题，学生应该在不参考他们的笔记、课文或复习资料的情况下完成题目，本章其他地方使用的示例也是如此要求的。

第二，唐洛斯基建议鼓励学生在课堂上做笔记，然后建设性地使用这些笔记作为提取练习的工具。一种方法是让学生重新阅读笔记，这本身并不是一个很好的学习策略，但随后要把笔记盖住并复述信息。

研究合集4.1

唐洛斯基等人的综述（2013年）对10种流行学习策略的有效性进行了排名

1. 练习测试——进行练习测试或自测

2. 分散练习——在一段时间内有计划地练习
3. 交错练习——随着时间的推移有计划地练习，将主题和子主题混合在一起，使它们不按照最初的顺序或逻辑上的教学顺序进行
4. 详细询问——解释为什么一个事实或概念是正确的
5. 自我解释——解释解决问题的过程或概念之间的联系
6. 重复阅读——复习相同的文本或内容
7. 高亮和下划线（做标记）——在阅读时挑选关键信息，通常在文本中使用
8. 总结——对较长的文本或信息片段进行总结
9. 关键词记忆——对关键信息的口头联想或心理意象
10. 图像化——可视化关键信息文本或想法的心理图像

学生们可以标记要点或总结他们记得的内容。尽管后者本身并不是一个很好的策略，但如果总结是提取过程的一部分，那么它确实有效果。当然，学生在标记或做总结之前等待的时间越长，提取就会越困难，但也越有益处。实际上，最好的策略是学生们先写下能记住的内容，然后再重新阅读他们的原始笔记，看看他们记住了多少内容。尽管这种策略很容易被认为是一项练习任务，但它也可以作为一种准备方法。学生可以在课堂评估、标准化考试或公开考试前的准备阶段应用该策略。

第三，唐洛斯基认为抽认卡是促进提取练习的绝佳方法。我相信大家都知道抽认卡是什么，对它们的简单描述几乎等同于对提取练习的描述。例如，每张卡片的一面都有一个问题，学生努力从他们的记忆中提取正确的知识来回答这个问题，然后再翻转卡片检查他们是否正确地记住了这些

信息。抽认卡可以在课堂上制作并在家中使用，既可以作为直接练习任务，也可以作为由学生自我调节的复习。学生们甚至可以在家里制作抽认卡，并作为固定作业的一部分，将做好的卡片带到下一节课上使用——这就成了一项预习作业。此外，抽认卡几乎可以用来提取任何东西：外语词汇、名人名言、历史日期、数学公式或任何其他有用的事实、数字或学过的概念。

提取练习活动的差异

除了上面讨论的3种策略之外，还需要时不时地布置不同类型的提取任务。关于差异、背景和迁移的研究大多集中在不同情境（或空间）的教学，以及学生的学习和成绩如何受到情绪暗示的影响等两个方面。还有很多关于社会互动背景和学科领域如何影响记忆的研究。换言之，如果你在一个小组或学科领域内进行了学习，那么把学到的知识和技能迁移到另一个工作组或学科领域中并不容易。尽管如此，也有一些证据表明，不同的任务或问题可以帮助学生学习，让他们在长期记忆中积极地应用图式。比约克（Bjork）认为在活动和任务中有一定程度的变化是可取的，并且对学习和成绩有影响，这被视为必要难度（见研究合集4.2）。虽然我经常布置历年的试卷和某些类型的试题，但这存在一定的风险。因为对某些事实或概念的提取可能会成为特定类型问题的背景，或与特定的学习单元相关联。这一点很重要，因为某些事实或概念可能出现在其他类型的问题或其他学习单元当中。

因此，在抵达自由学校，我们提倡在以证据为前提的情况下，在课堂上和家庭作业中布置不同的提取练习任务。下面列出的活动可以作为独立的定向家庭作业任务或作为更广泛的家庭作业活动的一部分（与其他任务结合）。重要的是，这些作业包括唐洛斯基等人所倡导的一些“非常有效”的想法；但它们也以一些不太有效的想法为基础，将其转化为练习或预习活动。

研究合集4.2

必要难度

必要难度是指一项不是特别容易的学习任务，需要付出必要的努力来完成或解决。这种努力也可以反过来改善学生的长期记忆和表现。与其他教学方法相比，采用必要难度最初会减缓学习速度，这似乎适得其反了。但施密特（Schmidt）和比约克提醒道，较简单的任务可以表明学习和成绩得到了即时的或暂时的改善，但不应将这些与更持久的或长期的影响相混淆。比约克认为，必要难度可以包括以下内容：

- 改变练习条件（这里只讨论一个方面）
- 间隔练习或学习（将在第7章中讨论）
- 交错练习（将在第7章中讨论）
- 生成效应（将在下文讨论）
- 测试效应（将在第6章中讨论）

值得注意的是，围绕不同练习条件的许多讨论都集中在练习的环境或物理参数上。不过，比约克提出“增加练习的种类、类型和范围”也会对学习产生影响。

解释。学生可以将教师给出的引文、语句、定义或相对简单的概念用自己的话表达出来。如果这是一项练习任务，应简单地提示他们回忆课堂上教过的信息；如果这是一项预习任务，学生可以通过阅读信息或文本，以简化的形式重写信息，以便在课堂上使用。

阅读→覆盖→复述。学生阅读以前学过或即将要学的内容，然后把它盖起来或收起来。这种方法让学生可以知道他们能记住多少内容，看看自己能一字一句地记住，还是能准确地定义。“阅读→覆盖→复述”可以被看作一项练习任务；如果学生需要在以后的课程中使用所记住的知识，它也可以是一项预习任务。如果是练习任务，复述时还可能涉及一些分析性或评价性回答，以便在回忆过程中融合知识和技能，但这可能需要在课堂上建构，或在布置为家庭作业任务时，由教师给予明确的指导。

问题。学生们可以就他们正在学习或复习的主题列出一个问题清单，以供日后使用。如果学生后来从记忆中提取信息作为家庭作业的一部分，则可以将这一任务布置为练习作业，可以分阶段布置，也可以作为预习未来课程活动的作业。还可以要求学生之间互相测试，但这可能会受到学生之间缺乏合作或小组搭配不良等因素的影响。

详细描述。概念图是指，学生可以从记忆中提取信息，并制作概念图，将他们所学的观念和关键词与该学科的其他观念和概念联系起来。但是，如果此活动属于提取练习活动的一部分，则必须将信息回忆起来（学生可以通过简单地写下他们对事实、概念或观念的了解来详细描述）。该活动可以设置为一个独立的任务，可以为以后的工作做准备，也可以作为练习任务的前奏。

反思→写作。学生在一张白纸上写下他们能记住多少关于给定主题的内容。他们可以尝试将想法和概念联系在一起，然后用适当的资源检查他们的工作，或者稍后在课堂上检查他们的工作是否准确。如果将反思设置为练习任务，可以将其布置成一个课后习题，在其中应用特定的分析或评估技能。

助记符。学生发明容易记住的短语来帮助自己记住关键信息。例如，ROYGBIV——红（red）、橙（orange）、黄（yellow）、绿（green）、蓝（blue）、靛（indigo）、紫（violet）——代表彩虹的颜色。助记符可以用作提取练习的辅助工具，也可以作为上课或考试前的准备工作。

复习时钟。学生们只需在一张纸或一页书上画一个时钟，再从时钟上画出几条线（想画多少就画多少），然后回忆他们正在学习或复习的信息（当然，这应该在没有笔记的情况下进行）。学生在相关部分写下或详细说明他们回忆的内容。在这个方法中，对时钟的参考不仅是图形化的，学生们还需要在每个部分为自己计时。

思想填充。给学生一个带有关键词或概念（或两者皆有）的网格，他们必须回忆这些内容的含义，并在网格中添加简短的解释或定义。随后，他们必须对学科中的关键类别进行编码（可能会使用荧光笔标注），例如，按历史时期编码或将关键词分组到研究的子领域中。该活动通过提取练习将特定学科内的关键概念联系起来。有关此策略和“复习时钟”如何影响成绩的讨论在实践者研究专栏4.1。

隐秘的纵横字谜。纵横字谜会分配给线索方块一个特定的关键词或术语。学生通过将隐含的线索和所暗示的学科知识联系起来，来解释和分析问题的意义。请参阅下面的纵横字谜游戏示例，它探讨了宗教教育中有关安乐死的关键术语和概念。这个任务是布置的两项作业的其中一部分。这个纵横字谜让学生在回答“安乐死与宗教信仰不相容”（12分）这道往年的普通中等教育证书考试的论述题之前，先回忆关键术语和概念。学生完成填字游戏平均需要10—15分钟，题干中的“12分”说明学生应该用12—13分钟完成该题（见图4.2）。

实践者研究专栏4.1

奥利弗·卢克曼——如何通过提取练习影响历史学习

奥利弗进行关于提取练习的研究和部门改进项目的目的是提高KS4阶段（14—15岁）学生对历史知识的保持和回忆，这也将有助于提高学生在普通中等教育证书考试中的表现。奥利弗完成的这个项目是赫特福德郡与巴克斯郡挑战合作伙伴中心提取练习研究项目的一部分。该项目是在最初的家庭作业项目之后进行的，同时也是为了获得迪拜学校中层干部的任职资格。奥利弗在自己和同事的课堂上尝试和实施基于提取练习的策略时重点研究了从记忆中提取信息的原理和过程（采用多种学术研究方法）。其中许多策略都是与练习作业和预习作业结合使用的。他还分析并跟踪了学生的表现数据，从而衡量实施策略的效果。这些任务主要包括“思维填充”“复习时钟”和“海军棋”。

奥利弗提出，实施和评估这些提取任务在当年就明显对学生的成绩产生了巨大的影响。参与研究的年级组的评估数据结果显示，在实施期间，Progress 8[①]的平均分数同比提高了0.54。在最后的模拟考试中，数据得到了改善——与往年相比，Progress 8的得分提高了1.41。

奥利弗时任迪拜萨拉姆社区学校的历史系主任。

① Progress 8是当前英国主要的增值性评价项目之一，主要测算学生从小学末到中学末的学业成绩变化。

安乐死

横向

1. 一个瑞士的房子，在那里安乐死是被允许的。
4. 顺其自然。
7. 人们帮助那些要求结束的人（两个字）。
10. 古希腊的善终。
11. 现世捍卫着高于神圣的普遍福祉。
12. 死前受到安慰和照顾的地方。
13. 个人的选择。

纵向

2. 当无从得知时。
3. 一个安乐死合法的国家。
5. 人类行为的介入。
6. 为那些接近生命终点或处于巨大痛苦中的人提供改善生活质量的护理。
8. 违背他们的意愿。
9. 生命的主动终结与此背道而驰。

图4.2 宗教教育中使用的纵横字谜

低风险测试。学生可以在纸上或网上完成测验问题，尤其是多项选择题。例如，可以通过流行的在线网站和应用程序设置问题或测验，包括Quizlet和Kahoot（将在第6章中介绍）；还可以使用特定学科的网站，例如Times Tables Rock Stars或Spanish Express。你也可以把问题发给家长，让他们测试自己的孩子。但是这取决于学生和家长的参与程度，可能会很难实施。第6章将更深入地讨论低风险测试。

除了不同的活动，我们还可以使用包含多种方法的任务。例如，我的同事萨姆·罗宾逊（Sam Robinson）在他的数学课上使用了多重表述的策略，鼓励学生使用不同的方法来解决同一个问题。以邓肯（Duncan）的观点为基础，萨姆提出了一些数学问题：

- 让学生选择和应用各种方法来解决问题
- 不暗示方法，以免影响学生
- 通常有正式的书面解释、图片展示和解决问题的实用方法
- 偶尔给学生挑战，让他们应用学过的方法去解决未见过的问题

在下面的例子中（见图4.3），我们可以看到学生如何使用包括阶梯法、质因子树和长除法等多种表示方法，找到18和30的最大公约数。为了找到最大公约数，学生列出了两个数字的所有公因数，并简单地选择该列表中最大的一个。因此，如果18的因子是1，2，3，6，9和18，30的因子是1，2，3，5，6，10，15和30，那么最大公约数是6。为了找到最小公倍数，学生要列出每个数字的所有倍数并确定公倍数。很简单，最小的那个就是最小公倍数。因此，18和30的最小公倍数为90。

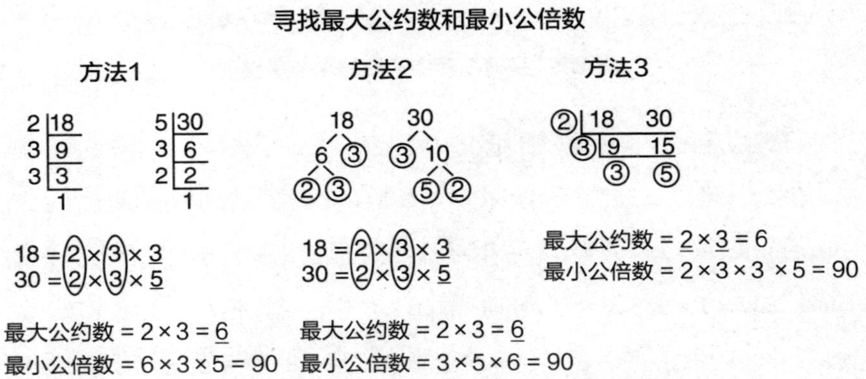

图4.3　使用多重表述来找到18和30的最大公约数和最小公倍数（由萨姆·罗宾逊提供）

下面的例子（见图4.4）说明了学生如何通过多重表述来练习3种比例除法。学生可以使用书写法、条形模型法或教具将28按5：2的比例划分，得出的其中一个结果是8（因为28中有7个4，所以其中5个4加起来等于20，剩余2个4加起来等于8）。同样，定期练习这些不同的方法，将提升学生在考试中使用比例法的能力。如果在课堂上使用指导性的练习任务对学生进行教学和示范，那么在解决问题时，它们将成为学生方法库的一部分。从这个意义上说，定期布置这些任务就是提取练习，因为学生将通过应用这些方法来解决问题，这些方法将在他们的长期记忆中形成一个图式，以解决诸如按比例划分数字之类的问题。当然，这些任务可以被布置为家庭作业。

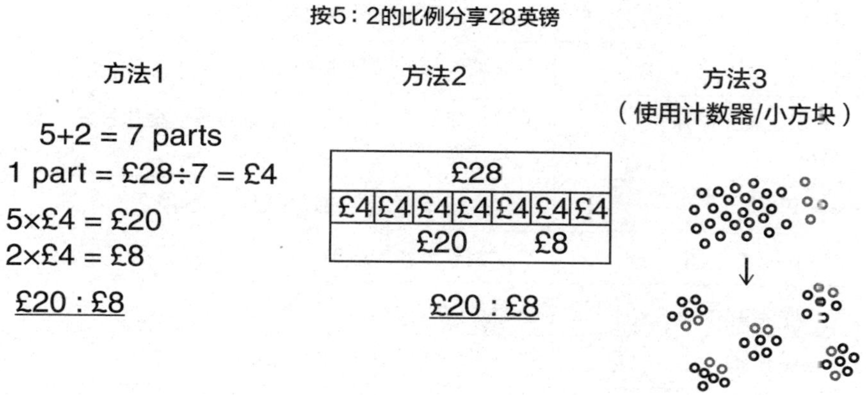

图4.4　使用多重表述来按比例划分（由萨姆·罗宾逊提供）

生成效应

生成效应指的是，如果知识是通过线索生成的，而不是简单地呈现，会更容易被记住。比约克认为，让学生生成单词而不仅仅是阅读单词，可以对他们的学习产生持久的影响。他列举了使用字母词干的例子，例如“fl____”表示“花”，作为提取词汇或关键术语的线索。

你可以设置若干个字母词干线索，将它们汇编起来，作为一项简单的家庭作业。下面的例子是普通中等教育证书体育教育中布置的家庭作业（见图4.5）。学生们不仅要从词干的提示中生成单词，还必须回忆单词的定义。下面的例子呈现了以“a”开头的关键词。在设置时间间隔和混合（交错）版本的任务之前，可以逐课学习字母表的剩余部分。

第一课时：健康、健身和游戏	
关键字 / 词	定义
Abdominals腹肌	胃前部的肌肉
Abduction外展运动	身体某一部分离开身体中线的运动
Adduction内收运动	身体某一部分向身体中线的运动
Aerobic respiration 有氧呼吸	能量系统需要氧气来分解葡萄糖以提供能量，使身体运作
Age年龄	一个人在年老死亡或过早死亡之前所活的年数
Agonists主动肌	产生关节运动的肌肉（又称原动力）
Air passage气道	空气从口腔进入肺部的路线
Alveoli肺泡	可以进行气体交换的小气囊
Anaerobic respiration厌氧呼吸	在无氧环境下工作的能量系统
Antagonists对抗肌	使用主动肌时放松的肌肉

图4.5　体育教育中以字母词干为特征的词汇表

比约克提出的另一种生成形式是字谜游戏，这种方法已经使用了很多年，它是让学生从线索或暗示中提取信息的另一种方式。字谜可以逐渐混合在一起，或交错使用，或在文本中使用，然后让学生来破译。一些教师发现字谜对词汇习得有帮助，并已经在家庭作业中使用了字谜的方法，通过词汇联想或语境对立来嵌入概念。例如，在宗教教育中，我可能会用字谜布置一个非常简单的家庭作业任务（作为另一个任务的热身练习）：

- Topnotmeni
- Citmsonine
- Evloenntebimo

- Ptnenmoeirs
- Trescannedtn
- Ammeninta[①]

随后，我会给出说明："用你解开的词语回答一个问题——解释伊斯兰教中关于真主本质的两项信条（5分）。"顺便说一下，文字处理软件经常将字谜的第一个字母改为大写。我更倾向于这样处理，因为学生们说这样会增加难度！

你也可以运用反义词：

- Ogod → lvei
- Avheen → lelh
- Amad → vee
- Dnee → flla
- Eifl → adhet
- Nsi → lavaanits[②]

之后我会给出说明："使用你整理好的词语回答下面的问题——解释基督教中关于原罪的两项信条（5分）。"这在某种程度上也有助于为家庭作业中较长的书面部分提供支架。下面有更多关于支架的内容。

罗森海因（Rosenshine）的教学原则和家庭作业研究

有趣的是，罗森海因的《教学原则》（*Principles of Instruction*）也能告诉我们关于布置有效家庭作业，以及家庭作业与提取练习的关系等方面

① 字谜的答案：全能的、全知的、全爱的、无所不在的……这些都是英国国家考试局普通中等教育证书宗教研究课程大纲中"上帝的本质"这一主题的关键词。

② 字谜的答案：善→恶，天堂→地狱，亚当→夏娃，伊甸园→堕落，生→死，罪→救赎。

的内容。尽管阅读本书的大多教师可能都读过罗森海因的这本著作，但回顾一下也无妨（见研究合集4.3）。我不想说罗森海因研究的就是家庭作业本身，但他的教学原则显然与家庭作业有直接或间接的关系，特别是如何通过指导性练习、样例和支架、定期检查和复习来实施教学等方面的内容。此外，这些原则在很大程度上取决于练习，这可以是指知识的提取练习和技能的练习。罗森海因指出："在课堂教学研究中最有效的是教师充分理解练习的重要性。他们在上课前会用5—8分钟复习以前学过的材料。"复习以前教过的内容可以包括：词汇、数学或科学公式、历史事件以及更抽象的思想和概念。正如皮克林在前一章所建议的，每周和每月都进行持续的复习，可以形成记忆的流畅性，或者说是自动回忆（由罗森海因提出）。

尽管第6章将提到通过每日或每周复习来检查学习情况，但罗森海因认为作为提取练习任务，复习材料需要过度学习，即"对新习得技能的练习量应该远远超过最初掌握时的量，从而形成自动性"。于我而言，这一点很重要，因为它强调了家庭作业是学习过程的延续。提取练习不像许多人认为的那样，仅仅是回忆信息的工具，它也是完善所需技能的工具（这些技能可以帮助学生达到其个人能力的最佳水平），以阐明、解释、分析和评估提取到的信息。最好是由教师设计和提供提取任务，而不是由学生简单地检查他们自己的学习（见实践者研究专栏4.2）。

研究合集4.3

罗森海因的教学原则

（至于它们与家庭作业之间的关系，我将自己的观点写在括号里）

1. 在课程开始时对以前学过的内容进行简短的复习（可以用家庭作业来准备复习内容，也可以用复习来检查学生对家庭作业的理解程度）。
2. 对于新内容的学习应遵循小步子原则，并让学生在每个步骤后进行练习（家庭作业可用于后续练习）。
3. 通过提出大量的问题来检查学生的理解情况（这也适用于学生的家庭作业）。
4. 给出答案和解决方案的示例（如果课堂时间有限，这些示例可以在学生回家继续练习之前展示）。
5. 指导学生的练习（也许在家里继续练习之前也可以实施）。
6. 检查学生对所教内容的理解程度（各种家庭作业可以做到或帮助做到这一点）。
7. 获得较高的成功率（在流利性、知识应用和技能掌握等方面，家庭作业可以提供更多的练习时间）。
8. 使用支架完成具有挑战性的任务（当然，也有办法使用支架布置家庭作业）。
9. 要求学生自主练习，并监督他们（家庭作业可以帮助培养自主练习技能和适应能力）。
10. 每周和每月的复习（同样，家庭作业可以用来为这些复习做准备，在某些情况下还可以促进它们）。

改编自罗森海因的《教学原则》

实践者研究专栏4.2

凯利·帕特森（Kellie Patterson）和克里斯·迪克逊——通过提取练习检查家庭作业——为什么应该由教师主导，而非学生主导

在唐洛斯基等人和本·纽马克（Ben Newmark）的研究之后，凯利和克里斯的研究是继最初的家庭作业项目之后赫特福德郡与巴克斯郡挑战合作伙伴中心提取练习研究项目的一部分，该项目研究了与提取启动活动相反的方法，这通常建立在预习作业和练习作业的基础之上。这项研究简单地实验了由教师和学生分别设计问题的提取启动活动。预测的积极因素是，教师所提供的结构和指导能让学生接触到的问题适合其水平，而且涵盖广泛的主题。这与由全班同学共同完成的学生自制问题相反，学生自制问题经常会提出重复的问题或问题难度不适合所有人。

为了提供尽可能相同的样本，他们在调查中选择了两个包含各种能力水平的学生的班级。在其中一个班级中，教师根据上半学期的工作带领学生进行启动活动，其中包括练习作业和预习作业。教师向学生呈现了一系列的活动，使他们能够充分提取所涵盖的每个子主题。在另一个班级中，学生们提出了3个问题，每个问题都来自前面提到的作为检索方法的不同子主题。

为了测试学生对知识的记忆能力，还进行了前测和后测。

根据每个班级随机抽取的10名学生的测试结果，大多数学生在两个班的第一次考试中成绩都有所提高。与学生主导提问的班级相比，由教师主导提问的班级在成绩上有更为显著的提高。

凯利和克里斯是抵达自由学校的数学教师，还是经验丰富的教师导师和教师发展协会的研究员。

这在一定程度上反映了菲茨（Fitts）和波斯纳（Posner）早期研究中的观点。他们确定了练习的3个阶段。我认为这一理论可以应用于提取练习，尤其是与家庭作业的相关性的研究上。

- 第1个阶段是认知阶段，收集关于我们需要做什么的信息。在这一阶段，我们的学生对这些信息的使用是很粗略的。例如，他们如何将其应用于考试问题。然而，随着学生们被教授了知识或技能，他们会有很大的收获。对于学生来说，如果没有任何关于该技能的先验知识——无论是视觉知识还是语言知识，那么要学习一项技能是极其困难的。这个阶段发生在做家庭作业之前的课堂上。重要的是，这又回到了罗森海因所强调的对学生的练习进行示范和指导上。
- 第2个阶段是联想阶段，即通过练习或活动将前一认知阶段所学的知识和技能加以运用。这个阶段可以包括在课堂上进行初步的练习，然后再逐渐为家庭作业布置练习任务。与罗森海因的观点类似，学生在尝试做家庭作业时仍然需要老师的大量指导，这可能包括支持他们完成任务的支架。
- 第3个阶段是自主阶段，这意味着学生们总体上已经几乎不需要意识上的注意就能将知识和技能应用在任务和问题上面（也要根据学生不同的能力水平，不是所有学生都能达到此阶段）。这正是我们之前讨论的流利性，它可以促进学生对一门学科内容的熟练掌握。因此，家庭作业也可以包括定期的练习活动和为课堂上的测试做准备的任务。

如果我们要看到提取练习对家庭作业和成绩的显著影响，重要的是不要忽视罗森海因对示范和支架的再三强调。在我们继续讨论之前，也许有必要看看在布置家庭作业之前、在布置家庭作业时以及在应用家庭作业时（如果需要的话），示范和支架学习活动是如何发挥作用的。

为家庭作业任务建立示范和支架

示范是教学的一个重要方面。在最基本的情况下，示范是指教师演示如何完成一项工作、动作或学习方法，而学生则在一旁观察。基于提取练习的家庭作业任务示范显然会在课堂上进行。示范可能是在学生回家练习之前进行一次；也可能是在学生接受指导之前进行一次，或者在课堂上尝试多次，然后在家里继续练习；还可能包括在一系列课程中定期示范。如果学生们具备条件，也可以通过家庭作业附带的指导视频进行远程示范。

重要的是，教育心理学家发现，包括示范在内的直接教学策略对学习的影响远远超过了5—10年前流行的辅助教学法。也可以说课堂上运用直接教学策略有利于学生在家里自主学习。尽管促进性的小组作业或项目式作业与学生的学习有关，但现在似乎越来越多的人认为，直接指导对学习有更直接的影响。例如，哈蒂发现，教师作为“激活者”的策略，包括积极的学习示范等，其平均效应量为*d*.=0.6，但教师作为促进者的教学策略的效应量仅为*d*.=0.17。

哈蒂和耶茨（Yates）也强调了示范的重要性。在示范时，老师一步一步地指导学生解决问题、运用技能或回答论述题。他们指出，“示范效应现在是应用心理学研究中最有力的发现之一”。这种示范方法显然可以在布置家庭作业时发挥作用，正如哈蒂和耶茨的另一项建议——完成性示范。这个策略本质上是指由学生完成一个不完整的样例。第一步已经由教师演示了，学生只需要完成它们。教师指导的第一步在某种程度上可以被看作一种支架，因为是它们支持学生完成手头任务的下一个步骤。关于家庭作业，可以在课堂上练习并完成示例，然后再将其设置为非支架式任务，让学生在家完成。

我的同事法伊珊·阿万（Faizah Awan）在抵达自由学校的会议上汇报了如何利用示范来布置家庭作业。第一，她提出设定一个对学生友好的评分标准、评价量规或进度表。为示范提供支架是很有用的，特别是使用书面文本时。下面的例子说明了法伊珊如何使用进度表。

向学生解释这个评价进度表，以便他们能够在做家庭作业之前和罗森海因所说的复习活动之后使用它来分析样例的答案（见图4.6）。

工作目标：提升学生对普通中等教育证书考试12分题目的回答。

练习题：解释公元1500—1700年医学知识的变化。

1. 写下并划出日期和标题。
2. 看看你的进度表和范文段落。
3. 圈出并纠正任何拼写、标点或语法错误。
4. 和同学们回顾该范文。
5. 给段落添加"好在哪里"和"如何更好"的评论

重点问题	组织结构	论证思路	支撑材料
答案始终聚焦在问题上。内容关联性强，没有离题。	答案是结构良好的。所有的解释都是连贯的，并且例子遵循相关的要点。	论证的脉络和流程非常清晰和简明。它是有说服力的，令人信服的。	支撑材料显示出了广泛的知识和理解，是精心挑选的。
答案主要集中在问题上。大多数内容是相关的。	总的来说，答案是有条理的。但是，有些部分缺乏连贯性，有时显得有些杂乱无章。	论证的思路总体上是清晰的，令人信服的。总的来说，它贯穿于整个答案中。	支撑材料显示了良好的知识和理解。一般来说，它是精心挑选的。
答案与问题的联系很弱或有限。有些内容是不相关的。	提出了一些观点和/或陈述。在组织材料方面尝试有一些连贯性。	论证思路有一部分是令人信服的。然而，它并没有完全贯穿整个答案。	支撑材料显示了部分知识和理解。它可以有更好的选择。
答案与问题没有真正的联系。内容混乱。	答案似乎是杂乱无章的。它缺乏组织性。	论证思路不明确、混乱或缺失。	支撑材料有限、不相关或缺失。

图4.6　对法伊珊·阿万的普通中等教育证书示范活动的初步说明

第二，在课堂上，学生们也将阅读一篇范文（见图4.7）。在阅读过程中，他们需要使用评价进度表，检查任何拼写、标点或语法错误，然后通过"好在哪里"和"如何更好"的评论来指出优点和缺点。这样可以防止学生被动地阅读，并让学生积极思考文本。这一步可以在课堂上完成。

工作目标：提升学生对普通中等教育证书考试12分题目的回答。

练习题：解释公元1500—1700年医学知识的变化。

范文1

科学和技术的发展是改变医学知识的一个因素，例如，威廉·哈维（William Harvey）和安德烈亚斯·维萨留斯（Andreas Vesalius）在这几个世纪里产生了新的想法，从而有了新的发现、治疗方案和发明。他们更好地了解了我们的身体是如何运作的，这改进了治疗方法，使人们更加长寿。这些变化与以前大不相同。传统的治疗方法和设备也得到了改进。这些变化发生得很快，人们在解剖学和用药方面做得更好。

图4.7　法伊珊提供的第1篇范文

第三，学生们阅读另一篇范文（见图4.8）。和之前一样，他们需要使用评价进度表，检查任何拼写、标点或语法错误，然后通过“好在哪里”和“如何更好”来指出优点和缺点。然而，他们现在可以通过对比样例，

工作目标：提升学生对普通中等教育证书考试12分题目的回答。

练习题：解释公元1500—1700年医学知识的变化。

范文2

1500—1700年，医学知识变化的一个因素是个别医生和外科医生正在进行工作，从而提高我们对人体的科学认知。例如，威廉·哈维研究了血液循环。然后他教会了其他人血液是如何通过心脏泵入大脑和身体的其他部位的。这是一项重大的创新，推动了关于身体的其他发现，并改善了我们治疗疾病的方法。我们治疗疾病的方式也得到了改进。不仅其他人开始采取更科学的方法来了解身体的功能，内科医生和外科医生也开始确定各种疾病的原因，并考虑如何治疗甚至预防这些疾病。这种医学方法打破了16世纪以前使用的较为传统的方法。

图4.8　法伊珊提供的第2篇范文

看看不同水平之间的差异，如普通中等教育证书4级或6级的区别。这也让学生们看到如何用不同的方式回答问题。在某些情况下，可以用一节课的最后三分之一或整个会议的时间进行示范。教师通过样例对所教内容再次进行阐释，为布置家庭作业做准备。

第四，学生可以尝试为自己的家庭作业提供答案。这与前面唐洛斯基描述的提取练习任务基本一致。法伊珊甚至为学生提供了支架，让他们知道如何构建答案和该答案需要达到的期望（见图4.9）。我相信你会同意，这个示范——支架——自主学习的过程是相当彻底的。

家庭作业练习题：解释公元1500—1700年医学知识的变化（12分）。
- 威廉·哈维的工作
- 英国皇家学会的科学发展

- 写在在线文档上，也可以写在你的书上
- 你的作业至少需要包含3个段落
- 需要包括广泛阅读的证据，以及论点所需的证据
- 在考试中，你将有大约15分钟的时间来完成这个题目

- **第1步：**剖析问题。它在问你什么？
- **第2步：**确定一系列因素。你需要列出3个
- **第3步：**将你的文章组织成段落
- **第4步：**"证明"这个因素很重要——通过关键的事实来形成你的解释

图4.9　法伊珊布置练习任务的最终指导语

下面是另一个很好的范例，也同样为家庭作业的提取练习任务提供了支架（见图4.10）。4年级时，我儿子从他的老师那里接到了这个任务。在第1组任务中，学生们得到了包含前置状语的完整例子。他们在课堂上也

学过这些内容。在第2组任务中，活动是支架式的，因为学生只得到句子的主要部分。他们必须从方框里的选项中选择正确的前置状语。如果学生仔细想想，这些副词显然与时间、频率、地点和程度有关。在第3组任务中，学生必须填上自己的前置状语。在第4组任务中，学生练习使用前置状语来造句。

第1组：阅读下面的句子，前置状语用粗体表示。

1. **早上6点**，詹姆斯的闹钟响了，他起床了。（时间）
2. **有时**，爸爸让我们熬夜看体育比赛。（频率）
3. **在远处**，我们可以看到飞机正在降落。（地点）
4. 阿利希亚**以最快的速度**，从浴室的蜘蛛那儿跑了出来。（方式）
5. 马库斯**精力充沛地**跑了100米，获得了第1名。（程度）

第2组：阅读下面的句子。从框里的前置状语中选择正确的，并填入句子。

6. ____________，艾玛很早就去睡觉了。（时间）
7. ____________，我们可以在星期六下午去参加趣味游泳。（频率）
8. ____________，爸爸在做我们的晚餐。（地点）
9. ____________，彼得开始哭泣。（方式）
10. ____________，童子军们意识到他们离露营地还有好几千米。（程度）

出乎意料地、当天晚上、彻底迷路了、有时、在厨房里

第3组：根据课堂上的例子，添加你自己的前置状语。

11. ____________，钟声开始响起。（时间）
12. ____________，穆罕默德为他的兄弟读书。（频率）
13. ____________，孩子们在踢足球。（地点）
14. ____________，莎拉开始整理她的卧室。（方式）
15. ____________，弗雷迪完成了半程马拉松比赛。（程度）

第4组：用前置状语来造句。

16. ____________，____________。（时间）
17. ____________，____________。（频率）
18. ____________，____________。（地点）
19. ____________，____________。（方式）
20. ____________，____________。（程度）

图4.10　运用示范和支架的前置状语家庭作业（改编自克兰伯恩小学的家庭作业）

上面的例子也呈现了哈蒂和耶茨对样例和完成性样例的思考。从本质上讲，第1组任务是1个完善的样例；第2组和第3组任务是有支架的完成性样例；第4组任务是让学生自己进行尝试的非支架式练习。我仍然认为所有这些都是检索练习，因为学生正在应用所需的图式来正确地排列句子，并将其与正确的前置状语（或他们自己编写的前置状语和句子）联系起来。相信我，对于一个8岁的孩子来说，要做到这一点需要练习。

自主练习

罗森海因在他的《教学原则》中提出的倒数第2个策略是激励学生进行自主练习。他的研究结果发现，通过上述的示范和支架等方法定期进行指导性练习，可以为自主练习奠定基础，因为学生可以通过回忆和应用所教的内容进行自主学习。罗森海因说："自主练习是必要的，因为想要熟练地掌握一项技能，需要大量的练习（过度学习）。"

对于家庭作业，优秀的教师应该布置充分的指导练习，在学生有能力完成的前提下，为家庭作业设置自主的练习任务。在这个阶段，学生将通过尝试这些任务来提高提取练习的流利性，以及运用知识和技能解决具体问题的能力。自主练习任务可以包括上面讨论的所有类型的任务、特定学科的活动和问题。

提取练习的局限性

教师们正积极地将来自认知心理学和科学的观点（包括提取练习）应用到课堂上，而科伊（Coe）对此提出了警告。他指出，当前对提取练习的研究通常集中在简单的言语材料上，如对单词列表的回忆和配对联想。认知科学家已经对提取练习在面对更复杂的任务时能否提高成绩提出了质疑。他还引用了罗雷尔（Rohrer）等人的研究，即对于事实学习以外的数学任务，提取练习的效果尚未得到充分的证明。科伊和他引用的两位研究者都在不同程度上支持提取练习。他们充分意识到自己研究的局限性，以及在可控的实验之外还有一些应用问题。这是许多教育博主、作家和顾问所没有意识到的。因此，任何将提取练习改编并大规模应用于家庭作业的做法，都需要结合情境，以批判的眼光来看待。

科伊提供了一些在家庭作业方面应该注意的问题。他建议避免这些常见的错误：

- 设置基于提取的问题，始终专注于对事实的回忆，而不涉及任何高阶思维。希望本章提供了一些关于如何创作提取练习任务的想法，这些任务不仅仅是简单的事实回忆，还将技能和知识应用于问题之中。
- 设置的问题太过容易，虽然可以增强学生的信心，却以牺牲真正的挑战为代价（我们将在第6章更深入地讨论与低风险测试有关的问题）。
- 将过多的时间分配给测验，却浪费了学生复习新学知识的时间。家庭作业可以作为其课外练习的渠道。

我很清楚，许多悲观的老师可能会指出，我将提取练习作为家庭作业的做法依赖于老师和学生之间良好的信任关系。如果要对学生的学习和以后的成绩产生影响，就需要相信学生会诚实地完成这些任务。虽然我同意这一点，但我觉得任何一位优秀的老师都会通过解释提取练习背后的原则，承认“作弊”的诱惑，同时劝阻学生，从而与学生建立信任关系。在某些情况下，这或许说起来容易做起来难，但是如果一个学生受到了学习的激励，并且有远大的抱负，那么他一般会倾向于按照要求去做。

第4章的要点

- 显然，部分政策制定者和许多教育学家（尽管不是全部）已经成功地推动了更加“以知识为基础”的课程变革。
- 2014年的英国课程改革推动了一个内容更繁重的课程体系，这在难度更大的普通中等教育证书考试和英国高中课程考试中得到了充分体现。因此，教师必须努力帮助学生尽可能多地记住他们所学的知识和技能。
- 我们培养学生在考试中提取信息并以正确的方式应用信息的能力，从而帮助他们取得更好的成绩，增加他们生活中的机会。
- 正如我们所看到的，使用提取练习任务是实现上述目标的方法之一，而且有大量的理论研究和行动研究证明了其对学习和成绩的影响。其中许多都可以被改编为家庭作业，包括使用练习测试题和历年试卷、隐秘的填字游戏和“思维填充”等方法。
- 研究表明，家庭作业可以包括不同的任务和生成效应。研究也表明，这可以提升提取练习的效果。
- 我们应该针对其中的任务提供示范和支架，让学生有足够的信心去自主尝试。重要的是，提取练习有助于练习和复习以前学过的知识。第3章强调了它们是最有效的家庭作业类型。
- 我们应该意识到这些方法的局限性，并根据具体情况调整策略。

尽管如此，提取练习与接下来的章节中所探讨的低风险测试、间隔学习和交错练习等内容密切相关。如果想更全面地了解这些方法如何相互联系并对家庭作业产生影响，请继续往下读。

拓展阅读建议

1. 约翰 · 唐洛斯基（John Dunlosky）（2013b）《学生工具包：促进学习的策略》

Dunlosky, J. (2013b). Strengthening the Student Toolbox: Study Strategies to Boost Learning.

巴拉克 · 罗森海因（Barak Rosenshine）（2012b）《教师必备：基于研究的教学原则与策略》

Rosenshine, B. (2012b). Principles of Instruction: Research-Based Strategies That All T eachers Should Know.

这两篇文章都值得一读，而且篇幅都不长。第1篇文章探讨了各种教学策略，综述了有关这些策略的研究，并按照有效性对它们进行了排序。第2篇文章着眼于我们实施某些策略的方式，并给出了10种（文中还有一个合集列出了17种）有效教学策略。提取练习是这两篇文章的核心。

2. 凯特 · 琼斯（Kate Jones）（2019）《提炼练习：为每个班级准备的课堂研究与资源》（约翰·凯特出版社，伍德布里奇，弗吉尼亚州）

Jones, K. (2019). *Retrieval Practice: Research and Resources for Every Classroom. Woodbridge,* VA: John Catt Publications.

凯特·琼斯（Kate Jones）概述了提取练习的相关研究，并倡导在课堂上使用它。本书包含了一些在课堂上使用的有效策略（甚至在家庭作业中也可以使用）。这是有关该主题的一本很好的入门级读物。

第**5**章

预习：翻转学习和自主学习

> 本章重点介绍了预习作业的类型，并列出了使用范例。翻转学习是预习作业的一种，尽管它的倡导者积极宣传，我们仍应采取谨慎的态度对待它。本章继续为学生通过家庭作业准备测试和考试提供建议，其中包括基于自主学习的复习，以及元认知和元学习在预习作业中的作用等内容。

我讨厌毫无准备的感觉。即使是在日常生活中，如果不知道发生了什么或需要做什么，都会让我感到迷惑和不安，更不用说在课堂上了。事实上，教师标准要求教师在上课前充分做好教学计划和课程资源等方面的准备。同时，教师要根据学生的需要及时调整计划和资源。教师有责任告诉学生预习作业的重要性。当然，家庭作业是其中的一种方式。我们在第2章中看到库珀、哈勒姆和罗杰斯等研究者将预习作业确定为更有效的家庭作业类型之一。班浦彻特（Bempechat）认为，家庭作业可以帮助学生培养良好的学习技巧和习惯，做好准备是有效习惯的一个重要方面。因此，预习作业有两种关键用途：一是让学生为未来的课程做好准备，通过让学生提前预习重点知识来节省宝贵的课堂时间；二是练习与准备相关的学习技巧，如研究方法、复习策略和在充分准备完成作业时的自我调节。

预习作业的类型

不言而喻，预习中使用的一些策略会与上一章讨论的提取练习思路重叠。尽管如此，主要的预习作业类型包括：

- 提前阅读，包括指定文本或教科书的相关章节
- 学习下一节课所需的重点词汇
- 为课堂活动中会用到的材料做笔记
- 列出教师需要在课堂上回答的问题
- 列出其他学生需要在课堂上回答的问题
- 通过指定的活动，列出学生在课堂上必须回答的问题
- 研究和总结将在课堂上进一步研究的关键事件、概念或问题。可能需要教师进行更深入的研究
- 研究和总结将在课堂上讨论和辩论的关键事件、概念或问题
- 根据将在课堂上讨论的主题制作讲义、指南或幻灯片
- 寻找实践科目中可能需要的项目，如：小学课程中的几何形状，或美术课中用于静物画的适当对象等
- 当然，学生可以应用前一章中提到的任何策略来为即将到来的测试或考试做准备

所有这些任务都需要考虑学生的个人情况。如果布置的预习作业太容易了，就不能让学生们挑战自己。重要的是在适合学生的发展水平上完成任务，如果要求学生提前阅读的任务过多聚焦于新信息或以学科知识为中心，就可能会使他们的认知负荷过重。在使用新材料时，学科内容不应与学习单元或课时顺序过于脱节。例如，在学习新的外语词汇时，学生应该能够使用新学的词汇来巩固他们以前学过的知识。

支持学生通过家庭作业为即将到来的课程做准备

预习作业可能存在的问题之一是缺乏结构。针对下节课的拼写测试让学生学习10个单词是非常简单的，但告诉学生为同学们制作一份讲义就是一项比较模棱两可的任务。因此，必须使用易于被学生理解的说明和必要的支持材料来布置任务。但是，提供的材料也应相对简单易用，并且应该避免认知负荷（参见第7章）。

- 确保家庭作业的说明清晰。教师需要在上课时间解释为什么学生需要做这项作业，而不应在学生开始收拾东西下课，站起来挪动椅子，准备鱼贯而出时才匆忙说明。
- 给学生充足的准备时间。除非预习作业用时很短，如一晚上学习5个关键术语，否则，教师需要考虑预习作业的研究用时或将其组织起来需要多长时间。
- 指导学生如何使用准备材料。例如，告诉学生“下节课请阅读教科书的第43—45页”，而不仅仅是要求“请提前阅读”。
- 考虑学生的学习需要。尽管第9章讨论了差异化作业的相关内容，但你可能需要考虑一些学生是否具备完成所有预习作业的能力。例如，他们是否需要差异化的文本或简化的说明？
- 如果有许多任务，请为学生提供一份清单。例如，如果学生需要在下一课中为他们的同学们做一个汇报，你需要列出汇报的引言、结论或演讲的预期形式等关键部分的清单。
- 为学生提供专业词汇表。如果学生需要为即将到来的书面作业或词汇测试做准备，这可能会很有用。

鉴于上述情况，如果所应用的策略对学生来说是新策略，那么样例和支架式的预习任务是很重要的。这与前一章中关于样例和支架的讨论类似，因为学生需要特定学科的技能才能有效地做好预习。例如，如果要求学生提前阅读并做笔记，那么是要求学生只在阅读后抄写，还是阅读后用自己的话进行总结？（后者更有效。）如果学生要学习一组新的乘法表或关键词，那么他们是通过死记硬背、制作抽认卡，还是应用遮盖定义法、交错学习或间隔学习等技巧来预习？这是一个值得考虑的问题。

翻转学习即预习：谨慎选用

我的很多同事都推荐将翻转学习作为家庭作业的一种方式。尽管有些人对它深信不疑，但我对这个方法还是不太放心。因为翻转学习将学生通常在课堂上学习的内容放在家里学习。我不确定学生是否真的可以在没有老师在场的情况下从直接教学中获益。翻转学习的支持者将其视为把传统教学方法与现代技术相结合的一种方式。因此，有些人将翻转学习称为混合学习的一种形式。从本质上讲，一节课或一系列课程中所需的许多基础指导和解释都可以通过视频、录音或书面解释在课堂之外进行。这意味着教师可以有更多的时间在课堂上引导学生进行各种学习活动。这些活动可以是练习任务，也可以是单独或分组讨论。此外，这种方法为课堂讨论以及小组合作腾出时间。它还可以为课堂上更多的创新性活动铺平道路，例如角色扮演和艺术创作。

翻转学习（及其变体，如同伴学习或翻转课堂）的倡导者，包括马祖尔（Mazur）、拉赫（Lage）、普拉特（Platt）、特雷利亚（Treglia）、布朗和雅各布森（Jacobsen）等人，都强调了将学习解放出来并进行一系列的课堂活动和提供支持的重要性，而这些活动和支持在“传统课堂”中是有限的。诺万博（November）和马尔（Mull）提出，翻转学习的核心内容如下：

- 学生通过观看视频、收听录音/播客、阅读课文或根据以前学习的思考问题来预习课程。
- 然后，学生在课堂上与老师或同学一起思考问题或解决问题。
- 接下来学生使用在线讨论工具（例如线上课堂等虚拟学习环境）发布问题，让老师在实际上课前可以做好准备。
- 老师使用以上内容来规划课程。
- 在实际的课堂教学中，老师可以采用苏格拉底式的教学法。首先，提出问题，在学生进行合作学习或是在引导他们解决问题之前，先讨论这些问题。
- 教师可以在课堂上巡视，并进行一对一指导或指导小组学习。

然而，这种方法存在许多问题。罗（Lo）和休（Hew）指出，“使用翻转课堂方法的主要问题在于教师制作翻转学习材料的工作量过大，以及学生课外学习的参与度较低”。事实上，教师不仅需要准备翻转学习的内容，如果向学生提供视频的说明，还需要课下抽出额外的时间进行录制。此外，罗认为，以技术为中心是传递翻转学习内容的最佳方式，但是许多教师不具备计算机或信息技术的相关知识和技能，无法有效整合翻转学习的资源。虽然他们可以分发工作表和阅读材料，让学生为未来的课程做好准备，但这并不有助于旨在课外指导学生学习学科知识的核心理念落地。

罗提出，虽然包括智能手机在内的技术是促进课下合作的理想方式，但此并不总是有利于促进学生专注于手头的任务。学生们不仅会受到社交媒体的诱惑，还可能会从互联网上抄袭信息，或者干脆在进行学习任务的过程中变得懒惰和没有“效率”。从本质上讲，“在没有监督的情况下，学生使用智能手机更多是为了娱乐，而不是为了学习”。通过罗综述的许多研究可以明显看出，翻转学习的视频往往时间太长或内容太深奥，让学生无法保持专注。一些学生甚至表示他们更喜欢“传统”的课堂教学方法。

值得一提的是，部分（但不是全部）翻转学习的早期支持者认为它是一种关注学生学习风格的方法。这在很大程度上是一种不被认可的教学方法，或是一种促进以学生为中心的学习方式。它在各种研究中也被质疑不如传统的教学方法更有效。关于这方面的讨论，见赫里斯托多洛和迪道（Didau）的研究。

换言之，教师没有理由不采用翻转学习的一些方法来支持学生完成预习作业的任务。虽然教学视频或录音的数量可能是有限的，但教师可将其用于帮助学生学习词汇的发音，或者用视频强化关键概念等。重要的是，这些视频不需要过多，优秀的老师会在接下来的课程中检查学生对这些视频的理解程度。翻转学习作为预习的方式之一，可能会在某些科目中发挥较大的作用。我的同事拉尔夫·阿迪所教授的计算机普通中等教育证书成绩在学校中名列前茅，他在课程中有效地应用了翻转学习这一方法。拉尔夫让学生在上课前准备好一项策略——这项策略可从他的远程学习资源中获取，用于在课堂上实施。这意味着学生可以在拉尔夫检查错误时，利用他们宝贵的上课时间编程或调试程序。如果不尽早发现这些错误，可能会使学生感到沮丧，因为他们的编程将无法正常进行。（想要了解翻转学习的优缺点，请参见表5.1。）

自主学习：为评估和考试做准备（即复习）

除了可以根据特定目标布置自主预习任务——例如“下周阅读《动物农场》（*Animal Farm*）的第5章”和针对特定学习领域进行翻转学习，还需要考虑为评估和考试做准备。从这个意义上说，准备可以被视为复习，因为学生可能会在重要的终结性评估或公共考试（如普通中等教育证书考试和英国高中课程考试）之前完成一系列家庭作业。这种长期准备的一个关键要素是学生能否自主学习。自主学习是指一个学生有能力和动力去思考他们需要在课外学习什么，然后把这些想法付诸行动。然而，这意味着在没有老师持续指导的情况下，学生需要知道应该关注什么并正确使用资

表 5.1　翻转学习的优缺点

翻转学习的优点	翻转学习的缺点
• 让学生在学习时间上有灵活性 • 学生可以按照自己的节奏学习 • 教师可以让学生选择如何完成作业，尤其是在教师布置不同任务的情况下 • 可以为缺课的学生提供资源和材料 • 可以腾出课堂时间进行讨论和辩论 • 可以腾出时间进行能够培养“高阶思维技能”的活动 • 可以将课堂交给同伴协作或小组合作 • 可以在课堂上进行更具创新性的活动和“以学生为中心的学习” • 让教师有更多时间与学生进行一对一或小组交流 • 可以腾出课堂时间进行更多基于练习的活动，包括指导性练习 • 可以留出更多的时间在课堂上进行评估和反馈 • 可以培养学生的自主学习技能	• 学生可能无法理解通过视频或幻灯片所教授的内容 • 学生在学习时不能提出问题，因为翻转学习的重点是教学，而不是实践 • 教师无法判断学生当时是否学习了教学材料 • 翻转学习的时间管理是一个问题。虽然练习作业可能很快就能完成，但教学活动的用时可能会更长 • 用时较长的家庭作业会受到曲线效应的影响（见第2章） • 学生的注意力可能会受到以下因素的影响： 　◦ 家庭环境 　◦ 他们使用的技术的其他方面，例如社交媒体 • 学生可能没有合适的设备来参与翻转学习 • 技术成为实施翻转学习的障碍；学生是否拥有可以与互联网连接的设备？ • 教师将不得不花费大量时间准备翻转学习的材料

源。学生还需要使用可以提高他们学科知识和技能的学习策略。这与上一章所阐述的一些提取练习策略有重叠之处。我认为学生应该将考试准备阶段的自主学习视为自主练习。不管是练习对于知识的提取还是对于技能的应用，学生都可以通过自主练习来帮助他们准备评估和考试，并以此磨炼自己的学术能力。

尽管他们对自主学习的理解不仅仅包括我对自主练习的强调，但研究者发现，自主学习在许多方面对学生有帮助。例如，迈耶（Meyer）等人在他们关于自主学习研究的文献综述中指出了5大优势。主要包括：

- 学生的整体学业成绩提高
- 增加学生的动力和信心
- 让学生更好地意识到自己的弱点和他们是否能克服这些弱点
- 让教师能够为学生布置差异化的任务，这些任务可以用比课上更长的时间完成
- 可以消除疏离感，给学生一种社会融入感

综上所述，如果简单地说良好的自主学习技能也适用于家庭作业，那就太轻描淡写了。但无论如何我还是要强调这一点：如果教师希望学生能有效地准备评估和考试，他们就必须帮助学生在考试前的复习阶段掌握自主学习的技能。这里需要引入关于元认知和元学习的研究，它证明了如果学生知道了自主学习技能帮助他们学习的原理，自主学习技能就会对学生的学习和成绩产生更大的影响（参见实践者研究专栏5.1）。

实践者研究专栏5.1

劳拉·柯蒂斯——在KS5阶段试图引导和扩展学习者的理解时，具有挑战性和有意义的家庭作业的主要特征是什么

劳拉的赫特福德郡与巴克斯郡挑战合作伙伴中心研究的目的是发现在KS5（英国高等中学阶段，适合16—18岁的学生）阶段中有效的家庭作业是什么样的。为了实现这一目标，她制定了一系列可在若干英国高中课程科目中试用的家庭作业策略。根据他们的经验，参与实验的学生和教师都必须在实验前后完成调查问卷，以评估家庭作业的价值。

劳拉发现，在关于家庭作业的态度和认为家庭作业有多大用处方面，学生在调查当中给出的回答都很有见地。有趣的是，教师问卷和学生问卷都发现，家庭作业的主要目的是通过巩固学习或练习技能来为考试做准备。当被问及没有完成作业的原因时，许多学生表示由于时间有限，他们最终会考虑对家庭作业进行取舍，因此他们会忽略自己认为没有价值的家庭作业。调查结果显示，自主的、以考试为基础的家庭作业被视为“最有价值的”作业，参与实验的教师的意见也证实了这一点。在结构清晰且准备有效的情况下，备课和翻转学习也是有价值的策略，但教师和学生必须明确这些任务背后的原理。较短的任务可以清除影响学生完成家庭作业的障碍，同时也要向学生清楚地阐明任务的目的，以便他们可以看到所做事情的益处。劳拉认为，如果可以在英国高中课程教学中持续使用这种方法，就可以确保学生专注于家庭作业。这有助于加深学生的理解，并有效地为英国高中课程考试做准备。

当然，该研究是基于所研究学校的具体情况开展的。

劳拉是白金汉郡切舍姆镇切舍姆文法学校的一名历史教师和教学骨干。

元认知和元学习

根据森（Seng）、泰伊（Tey）和范（Fam）的研究，元认知是关于认知的认知。学生需要计划、监督和回顾自己的思维和学习方法。另外，元学习是关于学习的认知。在元学习的过程中，学生意识到他们可以控制自己的学习，特别是在组织学习策略和方法，以及预先识别可能的错误和评估自身的表现等方面。在这两个术语中，元认知通常用于与教学有关的领域。尽管我将从元认知及其对预习作业的重要性方面开始论述，但我认为不太常见的"元学习"一词仍然值得在后面进行讨论。

大量研究聚焦于元认知和自我调节是如何影响学生在学校中的表现的。例如，一项研究表明，"自我调节的不同领域可以解释小学阶段34%的成绩差异，中学阶段约21%的成绩差异，大学阶段约14%的成绩差异"。另一项研究发现，"强有力的证据表明，当学校有效地教授元认知时，会对学生的成绩产生显著的积极影响"。显然，我们应该了解培养学生元认知能力的方法。拜尔（Beyer）提出，元认知的关键过程是计划（包括目标设定、操作顺序和识别障碍）、监控（包括保持设定的目标和计划的操作顺序以及对障碍的识别）和评估（包括评估目标是否已经实现，判断这一成就的准确性和评估任务的有效性）。

2018年，教育捐赠基金会为学校教师制定了类似的指南。基金会的建议很有帮助，因为它强调了元认知作为一种在中小学中使用的学习策略的重要性。它主要从3个方面进行了指导：

1. 教师应该对发展学生元认知所需的技能有专业的理解，包括：

- 帮助学生成为能够自我调节的学习者，使他们能够评估自己的优缺点
- 培养学生对于自己如何学习的元认知理解，其中包括有效学习策略的

相关知识

- 支持学生计划、监测和评估他们的学习（与上述拜尔的思路相似）

2. 教师应该教给学生元认知的策略，主要包括以下内容：

- 明确地告诉学生元认知策略如何改善他们的学习、提高他们的成绩
- 确保这些策略不会过于笼统，并且与学生学习的背景相关。例如：数学中的元认知可能与戏剧不同
- 关于以上内容的教学是通过运用已有知识、自主练习、反思等一系列步骤进行的。这需要结合学科和年级组的实际情况加以考虑。

3. 教师应该将自己的思维方式作为示范，来发展学生的元认知水平，例如：

- 教师揭示自己的思维过程
- 尽可能用语言表达上述要点（这本质上是有声思维）
- 指导学生完成支架式的任务，如给出样例

虽然教育捐赠基金会的指南主要是关于学习本身，但我认为这些元认知技能或过程是成功完成预习作业的先决条件，特别是在复习方面。教师希望学生通过大量阅读和重读就能完成复习的日子，已经一去不复返了。事实上，教师需要将前一章所讨论的一些策略作为可行的复习技巧定期布置下去，以遏制学生简单地重复阅读同一篇文章的无效学习行为。如前所述，教育捐赠基金会的指南中引用的唐洛斯基提出的策略（在前一章），和学生自己对哪些策略最有助于学习的理解之间，有一些明显的重叠。

在抵达自由学校，我们不仅鼓励基于提取练习（甚至是作为准备练习）的家庭作业，而且还提倡在重要的课堂评估、模拟考试或夏季普通中等教育证书考试和英国高中课程考试之前将其用于复习（例如，参见图5.1）。教师教给了学生这些"复习技巧"，这些技巧既可以独立使用，也

可以作为指导复习任务的一部分。同样，这些技能包括唐洛斯基等人倡导的一些“非常有效”的想法，但也建立在一些不太有效的想法的基础上，将其变成准备活动的练习。

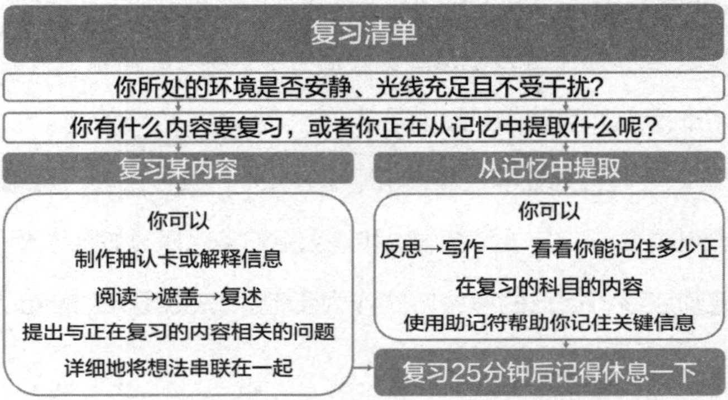

图5.1　复习清单（由马丁·埃塞里提供）

基于第2章讨论的关于家庭作业的研究可知，自我调节和管理工作量的能力对于预习作业而言是至关重要的，因为这些任务可能比每节课的任务时间更长。复习实际上是对学生在整个学习过程中的所有内容进行复习。所以不言而喻，**如果学生能够在没有老师帮助的情况下组织自己的学习，那么复习的过程对他们来说会更加容易。这一点至关重要，因为教师不可能和学生一起复习所有内容，学生不得不独立完成大部分的复习工作**。

那么，元认知与元学习有何不同，这与预习任务又有什么关系呢？它们基本上是相似的，但元学习是“学习者意识到并逐渐控制他们已经内化的感知、探究、学习和成长习惯的过程”。从这个意义上说，学生越熟悉元认知的过程和策略，他们就越能意识到这些过程和策略如何逐渐影响自己的学习。他们也会善于在自己的学科情境中应用它们，也许在一个学科中使用某些特定的策略，而在另一门学科中使用不同的策略。

泰伊和范对此进行了分解，认为元学习让学生能够：

- 评估和监督自己完成任务的能力
- 计划和组织解决问题的策略
- 选择和应用适当的策略
- 识别并纠正错误
- 评价自己完成任务的整体表现
- 计划自主学习和复习

最后一点很重要，因为它将我们带回到本节引用的第一个术语上——这与教学生如何自主学习有关，而不是像传统的学习或复习那样，学生只是简单地复习或重读材料。如果教师要让学生通过家庭作业为即将到来的课程做准备，那么在开始拼凑这些想法从而以不同的方式将其应用于不同的情境或学科领域之前，教师就有必要采用元认知的过程和策略，即使只是课间的一个小任务。从这个意义上说，教师要让学生在学习和练习中保持独立。但是，仍然存在一个问题，那就是自我调节。这对一些学生来说可能是合适的，但对另一些学生来说，他们可能仍然需要额外的支持，特别是如果预习任务是在临近评估和考试的一系列课程中设置的。

帮助学生为评估和考试做准备：复习辅助工具

使用带有推荐阅读清单的单元小册子和用评价工具来分析学生的优势和劣势，可以帮助他们在考试前计划自主学习或复习，这是一种元认知技能。现在许多学校坚持要求教师为学生制作个人学习清单。表5.2三是其中一个示例，它是向学生介绍社会学关键观点的工作方案。它还与一个内容范围更广的小册子相链接，里面有提取练习任务以及多项选择测验。这些表格可以让学生检查自己所学的知识并找到他们在学科知识方面的弱点在哪里。我鼓励他们在使用表5.3时对自己最了解的和最不了解的内容进行“分类”或排序。教师可以利用这一点，让学生计划自己在这些方面需要多少复习时间。小册子还包括一个没有定义的词汇表（见表5.4），学生需要自己回忆定义（最后一个例子是针对宗教教育中的犯罪和惩罚单元设置的，而不是社会学领域）。该考试准备/复习任务的重点是，让学生在学习本单元内容的过程中自己发现信息。除了拓展阅读之外，你还可以提供相关的网站，来帮助他们完成这个任务。如果学生觉得他们在某一单元（或在教学大纲）的特定领域很薄弱，或者觉得自己不知道关键词是什么，那么他们就会意识到自己应该下定决心去努力学习并找出答案。

表 5.2　社会学中使用的个人学习清单

第一单元：社会学概论

第一单元	内容简介	完成手册了吗？	完成测验了吗？	R	A	G	简要评论
什么是社会学？ **社会规范**	课程大纲、社会学含义、关键问题等。 解释社会规范、价值观、规则和地位以及社会认同等。						
社会化 **功能主义**	社会化的解释，包括初级和次级。杜尔凯姆（Durkheim）的有机类比；塔尔科特·帕森斯（Talcott Parsons）的社会控制和共识。						
马克思主义	卡尔·马克思（Karl Marx）的基础设施、上层建筑、阶级冲突、剥削和虚假意识。						
女权主义	自由女性主义、马克思主义女性主义、激进女性主义和黑人女性主义。						
社会行动理论/ **互动理论**	马克斯·韦伯（Max Weber）的知解、意义、微观理论和标签化。						
新右派后现代主义	查尔斯·默里（Charles Murray）的下层阶级、个人主义和新自由主义。 前现代性、现代性、后现代性、碎片化、同一性和混杂性。						
社会视角综述	微观、宏观、结构、社会行动、冲突和共识。						

表 5.3　社会学中使用的单元反思日志

话题	考试信心	优势和 / 或改进领域
功能主义有关教育在社会中的作用的观点	有或无	
马克思主义有关教育在社会中的作用的观点	有或无	
女性主义有关教育在社会中的作用的观点	有或无	
新右派教育观的作用	有或无	
后现代主义教育观	有或无	
考试练习	有或无	

表 5.4　宗教教育中使用的自制词汇表

关键词	优势和 / 或改进领域
死刑 社区服务令 良知 体罚 犯罪 威慑 责任 邪恶的 宽恕	

随着重要考试的临近，学生需要使用这些小册子，重新评估自己的优势和劣势，作为考试准备和复习计划的一部分，从而弥补差距。

第5章的要点

- 在练习作业和预习作业是最有效的家庭作业类型的背景下，我们可以看到，预习作业和练习作业一样，可以采取多种形式。
- 教师可以给学生布置大量的任务来为一节课做准备，包括非常简单的指示，如学习拼写，以及更复杂的指示，即让学生向他们的同学做一个汇报。
- 预习作业需要明确的指示：可能是一份简明的清单，也可能是一个与包含更广内容的学习单元或课程顺序相关的明确目标。
- 本章还对翻转学习进行了评估——它在教育中占有一席之地，但必须谨慎对待。这种方法存在许多技术障碍，如果“翻转课堂”设置不当，教师就需要密切关注学生的注意力和潜在的无聊感。还有时间和资源的问题，通过第2章中对于学习时间的曲线效应分析，我们知道这可能会影响学生，还会增加教师的工作量。许多关于翻转学习的初步研究来自高等教育阶段。考虑到这一点，请注意研究学习情境，特别是学生的年龄背景。
- 预习作业可以在两节课之间布置，也可以给予一段时间准备。然而，如果给学生更长的准备时间，就需要注意缺乏系统的安排和自我调节的问题。
- 教师需要考虑能够传授元认知技能和策略的学习方法，使学生不仅了解“关于认知的认知”（元认知），还了解他们应该如何进行更广泛的学习（元学习）。也许从教育捐赠基金会关于元认知的指导着手是一个不错的选择——其中提倡的许多想法可以被当作样例在课堂上使用，以促进学生在家学习。

元认知和元学习可以真正影响学生在课堂之外的学习，随着他们在学校日益进步，自主学习技能和复习技巧的重要性更加凸显。

拓展阅读建议

1.《教育捐赠基金会元认知与自我调节指导报告》(2018)

The EEF Metacognition and Self-Regulated Guidance Report (2018).

如上所述，这种研究性指导与对所有学生的教学息息相关，无论是在各学科领域还是在学习的各个阶段。指南中包含的大多数实践案例和小型案例研究都针对KS1—KS4阶段的学生。它介绍了自我调节学习和元认知的简化框架。这对教师来说是一个有用的研究起点。

2. ASCD翻转学习资源

这是一份关于翻转学习的资源清单，主要由乔纳森·伯格曼(Jonathan Bergmann)、亚伦·萨姆斯(Aaron Sams)和凯茜·瓦特洛特(Cathy Vatterott)编写。清单中有些是免费的资源，有些是推荐书目。这些资源解释了翻转学习背后的过程和策略，并建议教师从以直接讲授为主的教学方式向以学生为中心的方式转变。尽管这个列表很有用，但我仍然会以批判的眼光来看待它，因为其他研究表明事实并非都是如此。

第6章

检查：评价和反馈作业

本章将讨论为什么检查学习成果是家庭作业必要的后续工作，并着眼于提问学生和低风险测试等检查家庭作业完成情况的不同方法。本章研究了评价家庭作业的最佳方法，并强调了反馈，特别是全班性反馈的重要性。

道森（Dawson）老师每周都会布置数学作业，作业量不多。如果没记错的话，通常她会就正在学习的主题布置大约20个问题。但我从来没有做过这些作业。有时，我会看看我的朋友本（Ben）是否完成了这些题目，然后在上课时间疯狂地抄下他的答案。令人恼火的是，我们不得不在课堂上批改自己的答案，因为道森老师会在教室里巡视，看我们做了什么。因此，在大多数课堂中，我都会走进教室，拿出一张纸，并用手捂住它，假装在作业上打钩批改，而实际上我是在老师读出答案的同时将其在纸上写下来。当然，我不会全部答对，我会故意答错一些题目。基本做到第16或17题时，我会心存侥幸地想：这样一来，尽管我什么作业都没做，但休息时也不会有数学老师让我留堂了。但是，像往常一样，道森老师会站在我的身后，发出一声失望的叹息后把纸拿掉，然后我就会失去午休时间。

检查作业：本质上是检查学习情况

罗森海因对在第4章中简单提过的每日或每周复习的策略进行了研究。他认为这个方法可以用来检查家庭作业，特别是检查学生在使用术语、概念或技能方面的错误或误解。如果学生要使用预习任务或提取练习策略来完成家庭作业，那么这些都需要通过检查或低风险测试来审查。还有直接检查作业的策略（如同伴评估），教师可以将提问和讨论相结合，对学生认为困难的部分或他们犯过的类似错误进行讨论。

随后，罗森海因建议教师利用日常复习活动来做以下工作：

- 纠正学生作业中的错误或误解
- 复习家庭作业中练习过的概念和技能
- 询问学生在完成作业时遇到的困难或犯的错误
- 复习学生们出现错误的内容
- 最后，复习需要“过度”学习的材料（即新获得的技能应该在最初掌握的基础上进行大量的练习，从而达到肌肉记忆的程度）

检查可以通过多种方式进行。以下是检查学生是否完成家庭作业的一些重要方法：

巡视。这很简单，教师应该从椅子上站起来，在教室里走一圈，看看学生的作业。诚然，如果你想真正深入地检查他们的作业，这个方法无法顾及所有学生的情况。但这是一个能够快速检查“谁做了什么”的方法——就像道森老师一样！

有针对性的问答。具体内容将在下文进行讨论。这一方法主要是通过提问来检查学生是否完成了家庭作业。

低风险测试。这一方法可用于确保预习和练习作业对学生的学习产生了影响，并帮助教师了解学生之间的知识差距，以及学生在回忆家庭作业所涵盖的内容时共同存在的问题。

自评或互评。让学生们按照罗森海因所建议的那样进行自我评估，或由同伴来评估家庭作业。这一方法也省去了教师批改作业带来的麻烦。一旦评估完毕，学生可以将分数写在迷你白板上并举起来，教师可以借此衡量学生的整体表现。同伴互评意味着学生之间需要结对，并交换他们的家庭作业。评估可以通过教师指导或提供简化的评分方案来进行。同样，如果使用自我评估的方式，学生可以在听老师讲课的同时批改自己的作业，也可以根据评分标准来评估自己的作业。

迷你白板。让学生选择把写好的一部分家庭作业举起来。教师还可以随机选择家庭作业中的问题，要求学生快速写下答案并举起来。这个方法对于预习作业而言是非常有效的，因为教师可以提出探究性问题并检查学生的回答。但教师也确实冒着一定的风险，因为不管家庭作业是怎么写的，学生都可能会写出正确的或有趣的答案。这一方法也可以与关键问题一起使用，下面将进行具体的讨论。

RAG卡。许多学生的计划表中都有RAG卡，或者他们可以制作RAG卡。RAG卡是一些简单的红色、黄色和绿色卡片，学生可以举起或留在桌子上，以表明他们是否理解了作业任务。绿色表示“理解”，红色表示他们正在努力（或尚未完成作业）。尽管学生可能会撒谎或害怕说出真相，但是如果真的需要，许多人会举起红色卡片。这意味着教师可以帮助他们，或了解谁没有完成作业。

游戏。游戏是检查学生对于关键词甚至概念的掌握情况的好方法。此外，市面上还有许多优秀的提取练习游戏。

提问学生有关他们的家庭作业情况

研究者估计，教师每天会问多达400个问题。许多教师每年要问大约7万个问题，在教师的整个职业生涯中可能会问300万个问题。因此，可以说提问是教师帮助学生学习的最重要策略之一。尽管有很多关于提问的研讨和争论，但有些提问策略明显比其他策略更有效。这表明，某些提问策略可以更有效地帮助教师评估学生的家庭作业。

表 6.1　开放式问题和封闭式问题的用途

封闭式问题	开放式问题
• 封闭式问题可以检查学生是否记住了预习作业所涵盖的学科知识，或学生是否通过练习作业任务应用了这些知识 • 封闭式问题可以快速回答，可以用作日常复习的一部分，而不会占用太多宝贵的课堂时间 • 这些问题可以让教师对学生进行形成性评估，包括家庭作业对进步的影响程度 • 成绩较差的学生可以从封闭式问题中受益。封闭式问题既可以让他们的回答更准确，又可以反过来鼓励他们。一位称职的老师会根据学生的能力提出有针对性的问题。这能让老师看到学生的回答是否符合他们对那个学生的期望 • 莱莫夫（Lemov）观察到“呼唤和回应”的封闭式提问有助于课堂上的复习	• 萨姆森（Samson）等人发现基于高认知思维水平的提问策略对学习有积极的影响。如果家庭作业中涵盖了抽象概念，这一方法会特别有效 • 开放性或发散性问题鼓励更大程度地扩展答案，促进更好的课堂对话。这有助于在课堂上有效地运用准备活动，尤其是在英语等学科中。像“思考—结对—分享”这样的策略在培养学生的表达能力和论证能力方面很有用 • 开放式提问可以促进“高阶思维技能”，并且可以与布鲁姆的分类法对应起来。这可能有助于评估学生对所布置的家庭作业的理解程度，尤其是抽象或评估性的作业

最大的争论似乎聚焦于是否应该使用封闭式问题和简短的问题，这些问题通常用于确定学生对事实和数据的了解情况；或是否应该使用开放式问题，这类问题可以得到学生更详细和更广泛的答案。这两种类型的问题似乎都有适用的场景（见表6.1）。单纯认为一种类型优于另一种类型是错误的二分法（除非在特定情况下使用）。

思考时间和被动提问

研究者们在思考时间这一方面达成了明确的共识。许多在职教育培训课程的讲师会采用“PPPB法[①]”“无约电话[②]”和“思考—配对—分享”等策略（我不会详细展开论述，但是如果你不熟悉它们，互联网搜索引擎将为你提供你需要的所有解释），选择这些策略是有充分理由的。例如，布鲁克斯（Brooks）发现，如果使用快速提问法，教师提问和学生回答之间平均间隔约1秒，这意味着这种方法无法为教师提供关于学生理解的准确信息。一些研究者建议封闭式问题的思考时间或等待时间至少为3—5秒，开放式问题的思考时间或等待时间最长为15秒左右。有研究表明，在给学生提供解决方案之前，要鼓励他们批判性地思考一个情况、情境或问题。因此，如果教师要检查学生在家里学了多少，考虑到接受信息或练习特定技能之间的时间差，教师应该给学生足够的时间来提取和整理他们的想法。

几乎所有的研究都提倡被动提问，而不是主动提问。被动提问可以做到以下几点：允许教师停顿，让学生有一些思考时间；因材施教，让学

---

① “pose, pause, pounce, bounce”的缩写。pose指在屏幕上打出一个问题/观点供学生进行思考；pause指给予一定时间供学生思考；pounce指随机挑选一名学生回答；bounce指在第一名学生分享后先不反馈，而是再选一名学生继续分享或添加更多的想法。

② 在不举手的情况下，老师选择学生来回答问题，并建立一个常规，即任何人都可以回答任何问题。

生有进步感；用于防止不感兴趣、冷漠或懒惰的学生被动学习；消减学生对被看做“百事通”“书呆子”或“怪人”的恐惧；鼓励公平贡献，促进平等；最后，只要学生知道他们仍然可能被选中，一些主动提问就可以与被动提问混合在一起。

研究者也认为教师应该做到以下几点：提前计划——思考可能需要向学生提问的问题，这些问题可以彻底检查学生是否理解了家庭作业或是否完成了任务；提问时使用的语言直截了当、简洁且容易理解（即使是复杂的开放式问题也一样）；永远不要让学生难堪或讽刺他们，特别是当他们能在没有老师在场的情况下完成作业时；保持学生的注意力集中——如果教师或某个学生喋喋不休或夸夸其谈，其他学生可能会失去兴趣，变得消极和冷漠。教师在检查学生作业的时候，不应该占用太多上课时间。

低风险测试

研究表明，低风险测试对知识的保持有显著的影响。频繁的低风险测试可以帮助教师了解学生和班级的优势和需要提高的领域，还能了解学生是否理解了家庭作业的内容。这必然会帮助教师计划更有效的干预措施。

事实上，勒迪格等人的研究表明，使用低风险测试至少有10种好处：

- “测试效应”——测试是一种有助于更好地记忆的提取练习形式
- 发现学生在学习/知识方面的差距
- 学生能在接下来的课程中学到更多东西
- 提高学生的知识组织能力
- 提高学生的元认知监控能力
- 促进知识向新环境迁移，特别是当测试改编的问题或将原始材料应用到不同环境时

- 是提取练习/回忆知识的好机会（即使没有专门的测试）
- 避免对学生学习未经测试的新材料形成干扰
- 向教师提供反馈，尤其是关于学生进步方面的反馈
- 激励学生学习（因为学生们想提高自己的分数）

抵达自由学校将“低风险测试”纳入了2019—2020年的学校发展计划。研究表明，低风险测试应该成为日常课堂教学的一部分。由于抵达自由学校是一所注重循证最佳实践的学校，我们认为低风险测试应该在整个学校和所有学科领域之中得到推广，也应该将其作为检查作业的方式之一。此外，如果教师认为可以信任自己的学生在不“作弊”的情况下完成作业，那么便没有什么可以阻止教师为家庭作业设置低风险测试任务。

在规划低风险测试时，需要考虑许多关键原则。现概述如下：

- 测试是“低风险”的——这一理念至关重要。它不应该是一个对于学生是否“通过”的评估，且应避免造成学生不必要的焦虑和压力。教师只是想了解学生是否理解了家庭作业的内容或课上学过的知识。
- 低风险测试是让学生提取信息和追踪学生是否记住所教科目的关键内容的好方法。低风险测试的起点是有一个编写好的（书面）知识清单，例如中期计划/学习方案。这意味着教师可以围绕制订的计划和方案设计低风险测试，其中包括为家庭作业设置的内容。
- 唐洛斯基等人的学术研究表明，“测试效应”有助于知识在记忆中保留。然而，学生确实需要在一定时间内进行间隔测试，以对抗“遗忘曲线”（见下一章）。测试内容包括积极思考，学生需要回忆信息（而不是重新学习它）。有人认为，这有助于学生将学科知识转入长期记忆。
- 进行低风险测试有助于深入了解学生/班级的优势和需要提高的领域。

虽然这些测试不是评估，但教师可以通过单独记录分数，了解班上的学生在学习中的差距。如果教师测试的是学生在家里学到了什么，这也可以帮助教师了解学生是否理解了家庭作业。

用于检查作业的低风险测试类型包括以下几种：

- 关于家庭作业所涉及主题的多项选择题；也有一些应用程序可以用来在家庭作业中设置这些内容（见下文）。
- 快速测试。学生利用手中的课本回答关于家庭作业某个方面的问题。这些是检查预习作业的理想工具。如果教师相信自己的学生不会偷看答案，则可以将其用作练习作业；将这些测试组合在一起非常容易。例如，图6.1中的问题就是学生的作业，用于检查学生对于河流侵蚀的了解情况。这些问题可以进行自评或互评。
- 关键词定义。学生将作业中学到的关键词与正确的定义相匹配。这是检查预习作业的理想选择，例如，教师可以使用一个工作表让学生连线，还可以创建一个卡片分类。
- 利用词汇测试/听写测试来检查学生是否认真完成了预习作业中的“待学习”词汇任务或听写任务。
- 让学生根据在家完成的工作，凭借自己的记忆给图表做标注。
- 根据家庭作业（或一系列课程的家庭作业），从记忆中提取关键事实、日期或人物。
- 关键问题。学生需要在一定时间内回答教师在黑板上列出的一系列问题，这些问题基本都是多项选择题。关键问题是确定班上大部分学生是否理解了家庭作业的好方法。教师可以将题目中的每个选项作为一个“关键点”，由此可知学生是否准备好继续学习新的内容。

快速测验——合上你的书

1. 降雨是降水的一种。说出另外两种降水类型。
2. 说出水循环中水的一种储存方式。
3. 什么是水力作用？
4. 什么是冷凝？
5. 什么类型的侵蚀像砂纸一样？
6. 什么是流失？
7. 对于河流侵蚀而言，“解决方案”一词意味着什么？
8. 风化的3种类型是什么？
9. 说出非洲的一条河流。
10. 说出欧洲的一条河流。

图6.1 在地理学科中使用基于书本知识的低风险快速测验（由马丁·埃塞里提供）

设计低风险测试

上面列出的测试类型是非常简单明了的。但问题的设计是非常重要的。用于检查作业的问题设计的关键方面需要包括以下内容：

- **适当的挑战水平。**问题是否以让学生需要思考答案的方式提出，而不是立马能找出明显正确的答案（太容易）或只能完全靠猜测（太难）。当然，一组问题中可能包含“简单”和“困难”的混合难度问题，这样可以帮助学生建立信心。如果学生不需要思考就能得出正确的答案，那么他们是否在以一种有利于记忆的方式来提取信息是值得商榷的。
- **确保使用合理的干扰项。**与上述情况类似，如果采用多项选择题，需要考虑选项是否符合实际。如果干扰选项明显不正确，那么提出这个问题的意义何在？另外，请记住学生们都在家里，他们可以查资料或问别人，所以教师要考虑干扰项是否能让学生在回答之前进行一定的思考。
- **避免荒谬的、明显不可能的和开玩笑的问题。**研究表明，教师不仅应该避免提出愚蠢的或开玩笑性质的问题，还应避免提出那些明显是无稽之谈的问题。这些本质上都是不合理的干扰问题，善意的幽默也会分散学生的注意力。

- **其他需要注意的地方。**低风险测试，尤其是多项选择测试，需要注意的其他方面包括：

1. 不要使用无关紧要或过于模糊的问题，这样的问题学生无法理解
2. 不要使用措辞不当或太复杂而难以理解的问题
3. 不要使用大致正确但涉及不同领域的问题

多项选择题

当然，上述所有要点都与多项选择题有关。在抵达自由学校和我自己的实践中，多项选择题是经常被使用的，尤其是通过技术。在检查预习作业和设置提取练习作业方面，也许最简单的方法是通过线上表格的测验选项卡来创建一个多项选择题测试。线上表格还可以用于如下：

- 记录分数
- 确定有针对性的或全班支持的领域
- 添加到跟踪器或电子表格中（见表6.2的例子，虽然这些测试都是低风险的，不应该用来评定学生目前的学习水平）

此外，使用线上表格/测验功能是相对简单的。教师要做的就是：

- 访问线上表格的网站
- 点击“设置”（Settings）→“测验”（Quizzes）→“将此作为测验”（Make this a quiz）
- 尝试创建自己的测验

同样，尽管上述所有方法都可以用来检查学生对家庭作业的理解情况，但大多数方法也可以布置成提取练习任务。实践者研究专栏6.1讨论了语言学习中低风险测试的潜在影响。

表 6.2　记录低风险测试分数的线上电子表格（由马丁·埃塞里提供）

8 年级	正确率	水循环	历程	腐蚀	交通	泛滥	象棋河	旅行准备	最终检查
问题的数量		10	10	20	10	10	10	10	10
班级平均分	63	5.8	6.4	11.9	6.8	7.1	7.3	5.1	6.5
学生1	64	4.5	7	15	8	6	6	5	6
学生2	71	9	6	14	6	7	7	6	9
学生3	68	4.5	3	18	7	8	8	5	8
学生4	90	10	9	20	8	9	10	6	9
学生5	41	6	4	12	5	2	2	2	4
学生6	51	5	5	9	3	8	8	4	4
学生7	79	7	8	19	9	8	8	6	6
学生8	76	6	7	11	10	9	9	7	9
学生9	69	6	5	12	6	9	9	5	10
学生10	53	6	6	16	缺考	7	缺考	7	6
学生11	58	8	7	4	7	10	10	2	4
学生12	53	3	9	11	5	6	6	3	5
学生13	37	4	7	4	5	5	5	3	缺考
学生14	56	4	8	7	5	9	10	4	3
学生15	52	3.5	5	10	8	7	7	3	3

实践者研究专栏6.1

迈克尔·希比——西班牙语的低风险测试

迈克尔的一些调查结果成为赫特福德郡与巴克斯郡挑战合作伙伴中心家庭作业项目的支撑材料，同时也成为抵达自由学校2019—2020学年发展计划的一部分，其中就包括低风险测试的相关内容。迈克尔希望提高KS4阶段的西班牙语成绩，重点是提高中等学生的成绩，进而从根本上提高该科目的普通中等教育证书考试成绩，达到7+。这是通过以下方式实现的：

- 在西班牙语班级内建立一种一致性的低风险测试文化，其中包括在线练习作业和针对课堂测试的准备作业
- 改进低风险测试，从传统的词汇测试转变为包含语法和挑战性问题的测试
- 增加对在线学习平台的针对性运用，教师通常利用这些平台让学生在家里完成练习作业

该项目为期两年，专门针对从10年级升入11年级的、西班牙语成绩最高的两组学生进行。令人印象深刻的是，在两年的时间里，抵达自由学校的西班牙语系在基准测试数据和最终测试数据之间的Progress 8评分中至少提高了0.72分。

迈克尔是抵达自由学校的西班牙语系主任。他是抵达自由学校的家庭作业研究小组的成员，并在最初的项目结束后的两年里继续研究低风险测试的效果。

终结性评价和形成性评价

当我们讨论评价时，经常会提到两个术语：终结性评价和形成性评价。有些教师认为其中一种类型比另一种更有用，但两种评价方式应该结合起来使用，给教师提供尽可能多的信息，以便了解课堂教学的效果和布置的家庭作业的反馈。

- 终结性评价衡量的是学生在单元测试或考试中达到的水平。终结性评价包括标准的单元末测试、模拟考试，甚至是普通中等教育证书考试或预科课程考试/英国高中课程考试等。
- 形成性评价更强调学生运用反馈来改善他们的学习（而不仅仅关注他们的成绩）。例如，会有大量的诊断性评语来指出学生的优点和不足。这些评语通常是写在“做得好”和“如果……，就可以做得更好”的短语下面。形成性评价应该在整个课程或教学计划中持续进行，这样学生就能不断得到关于如何改进自己学习的反馈。

什么评价方式对家庭作业最有效？结论不言而喻，使用家庭作业进行终结性评价充满了困难。例如：

- 学生可能会作弊
- 学生可能会互相抄袭
- 学生用时可能会超过规定的时间
- 家长可能会帮助学生
- 一些学生可能没有有利于学习的家庭环境（即没有学习的空间或没有机会获得安静的学习环境）

家庭作业不是真正的终结性评价工具。利用这种方法得到的任何结果都将是可疑的，其准确性也值得怀疑。正如斯特兰德博格（Strandberg）

所提出的，“关于如何布置和评估家庭作业的研究，必须考虑家庭作业给学生、家长和教师带来的问题和冲突。还需要阐明与家庭作业和反馈相关的公平条件问题”。这方面的研究存在空白，因为很少有研究关注家庭作业的评分和终结性评价。而现有的研究显示，很少有证据表明终结性评价家庭作业对学习和成绩能产生影响。一些研究者认为，评估家庭作业会对学生产生负面影响，因为学生的关注点会从学习转移到成绩上。

尽管如此，仍然有充分的理由支持教师对家庭作业进行形成性评价。穆律罗（Murillo）和马丁内斯-加里多（Martinez-Garrido）通过分析来自标准化测试和针对教师、学生和家长的问卷调查数据发现，如果“（a）教师批改家庭作业；（b）这些作业在课堂上进行回顾和纠正；（c）成绩较差的学生有适合他们需求的家庭作业”，那么家庭作业就会影响学习和成绩。很多研究也表明，对家庭作业进行反馈会显著影响学生的学习和成绩。一些研究表明，学生喜欢他们的家庭作业被评价或打分。而另一些研究表明，如果对家庭作业进行评价后，学生可以向父母展示，从而获得表扬，学生就会更加重视家庭作业。此外，大量的证据表明，下面讨论的反馈对家庭作业、学习和成绩有积极影响。由此可知，家庭作业不需要进行终结性评价，但肯定需要进行某种形式的形成性评价或低风险测试。评价方式可以是定性的，也可以是定量的。在课堂上进行终结性评价仍然可以告诉教师学生的表现如何，而这在某种程度上也受到了家庭作业的影响。

学习性评价

随着课程变得更加注重以知识为基础（如第4章所述），当前的重点是通过基于课堂的终结性评价和基于家庭作业的形成性评价了解学生的整体进步，以及课程和家庭作业是否产生了间接影响。将评价背后的原理应用于学习是一种很好的尝试。学习性评价（Assessment for Learning, AfL）是当今教育界使用和强调最多的一个词。它是一种形成性评价，通过定期的反馈，可以告知学生如何提高他们目前的成绩或学习水平，从而促进学生对学科的理解。学习性评价研究的兴起可以追溯到布莱克（Black）和威廉（Wiliam）的一篇论文，他们把评价定义为：

> 评价是由教师和学生进行的自我评价活动，这些活动所反馈的信息是修改他们所进行的教与学活动的依据。当这些证据真正用于调整教学工作以满足学生需要时，这种评价就被称为"形成性评价"。

理解学习性评价的关键是把它看作一种诊断工具。教师可以利用学习性评价来了解学生的学习进展，包括他们的优点和不足，以及他们对教师所教学科的兴趣等。教师也可以通过反思学生的作业情况来评价自己的优势和劣势，并制定干预措施。教师可以重新教授该主题，甚至可以继续进行教师专业培训。学习性评价的关键原则是定期反馈，学生必须能够理解教师的批评，并知道自己应如何改进，这样反馈才是有用的。例如，海顿（Haydn）提出学习性评价必须包含以下原则（关于家庭作业的内容将在括号中用斜体字表示）：

- 向学生提供有帮助的和建设性的反馈（*关于练习作业或因预习作业而产生的工作*）
- 在某个阶段加入自我评估或同伴互评（或两者都有），让学生积极参与学习（*这很简单。学生回到课堂上时，基本上都会对家庭作业进行自评和互评*）
- 教师愿意基于对评价结果的反思来调整教学（*可以通过家庭作业，以及用来检查家庭作业的低风险测试进行*）

- 意识到学生的动机和自尊与评估有关（*学生在课堂上的评价不好，可能是因为课下的准备不足*）
- 最后，与学生分享成功的标准（*这可以为练习作业和预习作业提供参考*）

因此，教师应该不定期检查学生的家庭作业，让认真完成作业的学生得到一些关于作业质量的定性反馈和指导。此外，低风险测试仍然可以提供关于学生表现的量化指标，但我们需要批判地看待测试结果。我们还可以从迄今为止的大多数研究中提出这个假设：频繁布置家庭作业将影响课堂上的终结性评价。

批改和评价家庭作业

教师们的烦恼之一就是批改和评价作业。我曾经花了好几天的时间坐在家里批改作业。而且，教师布置的作业越多，必须批改的量就越大。有一些方法可以使我们批改作业变得更容易，让形成性评价也变得更加简单。

第一种方法是使用大量的低风险测试，并以评价（而不是评分）为目的积累数据。第二种方法是像前文所说的那样，让学生进行互评和自评，这样学生就能帮教师完成一些工作了。这种方法对专心学习的学生很有效。但在某些情况下其作用是有限的，因为使用这种方法意味着教师并没有真正看到学生的作业。第三种方法是全班反馈，是我提倡的对家庭作业进行批改和形成性评价的方法。同时，我也会提出另一种批改作业的方法，可以用于不允许进行全班反馈的学校。

全班反馈

批改作业和进行形成性评价的讽刺之处在于，这通常会占用教师在家休息时的大量时间。2016年，英国教育部的工作组发现，批改作业的强迫性、深度和频率对教师的幸福感以及他们计划、备课和授课的能力产生了负面影响。具体内容如下：

> 批改作业对教师来说已经变成了一种无用的负担，因为批改作业所花费的时间并没有对学生的进步产生积极的影响……书面反馈占主导地位意味着教师没有那么多时间专注于他们工作中最重要的方面——教学。

工作组建议教师将精力重新集中于利用评价来指导教学，就像告诉领导者自己所教的班级分数有多高一样。我完全同意这个观点。在以前的工作中，除了填写学习情况和单元回顾，我还花了很长时间用红色、绿色和紫色的笔对学生的作业进行深度批改并写下评语。我这样做并不是为了我的学生，而是为了学校的领导者。他们随时可能拿起学生的书本，翻阅他们的作业，以此检查我的批改是否符合学校的规定。

基于对本问题的研究和对教师工作量的关注，我在抵达自由学校的同事们在赫特福德郡与巴克斯郡挑战合作伙伴中心的家庭作业项目中进行了一系列的实验。这些实验基于对全班反馈的研究，并观察它们是否适用于我们学校。这不仅彻底改变了学校的批改、评价和反馈方式，而且让我能够在短时间内对练习作业进行批改，并进行形成性评价。

批改和评价中的数学

在我概述本校的全班反馈程序之前，请看看这位教师的实践经验。

- 最初，她有120份作业
- 她批改每份作业用时5分钟
- 她每个教学周期批改作业4次
- 每个教学周期/学期进行2400分钟，或40小时的批改工作
- 相当于每周批改作业3.5小时
- 这无疑会造成教师的疲劳

然而，还有另一种选择：

- 她有120份作业
- 她批改每份作业用时1.5分钟
- 她每个教学周期批改作业4次
- 每个教学周期/学期进行720分钟，或12小时的批改工作
- 相当于每周批改作业1小时

这样教师就有了更多的时间，可以根据批改的情况来制订教学计划。

这是如何做到的？

全班反馈意味着我们不需要在学生的书本或作业上“动笔”，而是通过阅读来做记录。这些笔记将用于寻找作业中共同的趋势和模式，主要包括作业中常见的错误、误解、需要改进的地方和体现的学生优势。教师通过全班反馈来评价学生的各种作业，这一方法提供了大量的机会来展示班级作业中不同的优点和缺点，以及学生常见的拼写、语法和标点符号错误（图6.2和图6.3是一个案例）。此外，这一方法还可以确定如何在反馈的基础上完成任务，从而提升成绩。

班级	教师	标明日期（教学周期的参考）
你的班级代码	这应该很清楚	具体的日期很重要，以便学生知道他们正在关注的日期
值得庆祝的出色工作	**常见的拼写、语法、标点符号和计算错误/误解**	
用这个区域来展示你班级的优秀作业 这可以与特定的任务有关，也可以是一般性的表扬 突出展示某些作业，如出色的作业，或者有显著进步的作业 运用你对班级的了解来决定提及学生的名字是否有效	列出正确的答案，以便学生可以在他们的作业中寻找错误的例子 也要强调语法错误 确保你解释了任何可能被学生误解或他们会搞不清楚的地方	
你有这方面的误解或犯过这些常见的错误吗？	**哪些主题、技能或内容是你需要复习的？**	
这是记录经常出现的具体错误和误解的地方 如果班上有很多学生犯了同样的错误，那么这个方框中的特定问题将需要教师重新教授	你在这里记录可能经常出现的一般性问题，例如，许多学生没有完成某个特定日期的一项任务 你也可以在这里记录你教过的技巧或主题，确保你解释了任何可能被学生误解或不清楚的地方	
后续任务——老师会指导你从哪里开始		
1.必须有一份清晰的任务清单 2.这些任务将针对上面列出的反馈内容进行设置，然后在反馈课中得到解释 3.任务应该足够清晰，学生们不需要你的指导就能完成任务 4.就算一些学生错过了第一个或前两个任务，也可以从列表的后面开始做 5.值得在最后加入一个扩展任务，那些已经完成所有反馈任务的人可以进行挑战		

图6.2　对全班反馈进行解释的模板表格（用绿色纸张打印，由马丁·埃塞里提供）

班级	教师	标明日期（周期参考）
10GG2	埃塞里老师	2018.2.10—2018.3.9（春季的第3个教学周期）
值得庆祝的出色工作	**常见的拼写、语法、标点符号和计算错误/误解**	
SH——修改笔记（关于错误的主题！） LSW, OT——对第10题的回答 RW——特殊的复习笔记，可以回答一道9分的问题 JS, NB, EDV, JD——对第11题的回答	less/fewer——当数量没有以单位定义时，使用“less”（例如：the glass had less water in it）；当你谈论一个特定数字时，用fewer（例如：there were fewer than 200 jobs in the sector） receive	
你有这方面的误解或犯过这些常见的错误吗？	**你需要复习这些主题、技能或内容中的哪一个？**	
No of jobs的意思是“工作的数量”——有些人认为它的意思是“没有工作” 不能仅仅描述图表，还需要**解释**图表 使用图表中的统计数据来说明你的观点 探究利亚河谷下游地区改造的负面因素	撰写评估问题的结论 完成关于城市复兴项目有效性的9分问题（规划表） 探索人文地理对社会、经济、环境的影响 如果你提出了一个有关优势或劣势的观点，你需要确保自己能够在分析之后回答“那又怎样？”的问题	
后续任务——老师会指导你从哪里开始		
1.回顾上面的指导，用紫色的笔对你的评价进行修正/改进 2.把你的多项选择题和简答题的分数加起来，然后把这个分数分享给埃塞里老师（总分为25分） 3.检查你的作业，再用紫色的笔进一步订正 4.开始考虑我们在3月21日到访奥林匹克公园的机会和风险		

图6.3　一张完整表格的示例（由马丁·埃塞里提供）

反馈对学生的主动学习和思考更有意义和针对性。反馈是在名为“DIRT”（Dedicated Improvement and Reflection Time）的课程中进行的。这个课程根据学校的作业批改政策每3周进行一次。具体过程如下：

1. 以班级为单位收集一份作业进行批改。

2. 准备一张空白的“全班反馈”表（电子版或纸质版）。

3. 通读每份作业，把你发现的问题记在表上（记住，不需要在学生的书上写任何东西）。

4. 设计一组反馈任务，并将其添加到表格的底部。

5. 为每个学生打印反馈表（用绿色的纸）。

6. 设计一个反馈任务/课程。告诉学生规定时间和方法，让他们根据你的反馈采取行动。

反馈表和反馈课程对家庭作业的重要性

将家庭作业和评价联系起来，得到的研究结果好坏参半。而与其相比，家庭作业和其反馈之间的相关性对学习成绩的影响要强得多。根据哈勒姆和罗杰斯的研究可知，人们普遍认为对家庭作业进行检查、批改和反馈会使学生更认真地对待它。此外，瓦尔贝格和派克（Paik）认为，反馈是使家庭作业对学习和成绩产生影响的基础（参见研究合集6.1）。但是，正如哈勒姆和罗杰斯所指出的那样，有一点需要注意：低质量的反馈会打击学生的积极性，并对其自尊心产生负面影响。很多学生也难以理解反馈的内容，这让反馈变得多余。埃斯纳（Esner）同样认为，上文简要提到的深度评分技术的问题之一在于，其最终对个人的评价是非常笼统的，这种简单的评分是对个性化评价的一种嘲弄。学生们的课本上充斥着类似“在这里添加更多的细节”或“解释这一点”这样的评论，但缺乏关于学生如何贯彻这些指示的相关补充细节。不管老师的本意是什么，这些“即兴”的泛泛评语也会让学生们感到沮丧。麦克贝思和特纳发现，学生并不总是认为老师的评价是有帮助的。一些接受调查的学生表示，他们不愿意让老师看到自己的错误，或是自己并没有理解老师布置的家庭作业。麦克贝思和特纳总结道：“这体现出人们对家庭作业的一种不恰当理解，家庭作业应该由教师、学生和家长一起讨论。”我非常同意他们的观点。

研究合集6.1

沃特福德帕米特学校副校长亚当·贝克对于全班反馈的思考

“全班反馈对学生和老师来说是一个非常强大的工具。老师可以在检查完作业后与学生分享反馈表的内容（写下来有助于他们重新审视这一点），这让学生能够消除他们可能有的或没意识到自己有的错误概念；对教师而言，他们能够把时间用在更准确和更有针对性的反馈上面！”

因此，教师在批改作业上节省的一些时间必须用来规划高质量的反馈表和后续DIRT课程。除非学生有机会行动起来，否则对他们的家庭作业给予任何形式的反馈都是没有意义的。反馈表应明确说明学生应该如何改进或避免常见错误。反馈课程应该包括各种活动，使学生能够改进他们的作业。反馈课程可以使用在前面章节中讨论的提取练习任务，在学生的“什么地方好”和“如果……更好”的基础上，建立额外的答案范例。这种新方法的关键是教师基于检查作业所获取的信息来规划有针对性的任务。

全班反馈的替代方案

如果你的学校仍然坚持对学生的作业（包括家庭作业）进行单独的评价和打分，你仍旧可以通读学生的作业，并根据常见错误和该学生作业的优点做出单独的反馈。教师也许可以为每个学生制定一个类似于上文提到的反馈表。但是，为了节省时间，教师可以只选择某些家庭作业进行检查。在我自己的实践中，我通常会从那段时间布置的大约6项任务中选择两项比较重要的进行检查。其他的作业则由学生互评。如此一来，所有的作业都以某种方式进行了批改或评价。此外，如果你的学校仍然坚持批改书本或试卷，你通过选择特定的作业进行批改，就可以获得更多高质量的“笔头”时间。有一点值得注意，即我仍然坚持亲自批改关于英国高中课程考试的作业中篇幅较长的论文。

第6章的要点

- 显然，家庭作业需要由教师进行监督才能产生作用。教师可以采用提问或同伴互评等各种策略来检查学习情况。这样教师既可以检查作业是否完成，又能掌握学生对作业的理解程度。
- 教师检查作业的原则与罗森海因关于复习的观点密切相关。它作为最佳实践的一个方面不能被忽视。
- 如果教师向学生提问，一定要使用简单易行的策略，并给他们思考的时间。
- 有充分的证据表明，包含提取练习的低风险测试是检查学习情况和非正式评估学生进步的有效方法。它可以用来检查学生的预习作业是否完成了。在某些情况下，它本身就可以作为家庭作业来布置。除了老式的工作表之外，还有大量的在线平台可以为教师提供便利。

- 通过终结性评价等方法正式评估学生，是比较复杂的。虽然设置课后习题和论文作为家庭作业是练习技能和提取知识的好方法，但终结性评价还是应该在课堂上进行。尽管如此，这些评估仍然可以说明家庭作业作为日常练习的一部分，是如何影响学生的学习和成绩的。
- 对家庭作业进行形成性评价，在分析学生的优劣势和预习反馈等方面也有一席之地。大多数学生会按照指导完成他们的家庭作业。随着时间的推移，通过学习评价可以了解家庭作业的完成情况，并为教师的反馈提供路线图。
- 全班反馈可以让教师更快、更容易地批改家庭作业，但也必须与基于反馈的课程或活动配合使用。

拓展阅读建议

1. 亨利·L. 勒迪格三世（Henry L. Roediger III）、亚当·L. 帕特南（Adam L. Putnam）、梅根·A. 史密斯（Megan A. Smith）（2011）《教育中的测验：十大益处与实践应用》(《学习和动机心理学（卷55）：教育中的认知》，爱思唯尔学术出版社，页1–36）

Roediger , H. L. III, Putnam, A. L. & Smith, M. A. (2011). Ten Benefits of Testing and Their Applications to Educational Practice (*The psychology of learning and motivation: Vol. 55. Cognition in education*（pp. 1—36). Elsevier Academic Press)

无论是对低风险测试感兴趣还是对更普遍的测试感兴趣的人来说，这都是一份必读资料。作者通过研究确定了测试的10个主要优点。此外，这些优点还与提取练习和间隔学习的发展有关。

2. 黛西·赫里斯托多洛（Daisy Christodoulou）（2019）《全班反馈：教育的突破还是一时风尚？》

Christodoulou, D. (2019) Whole Class Feedback: Saviour or Fad?

赫里斯托多洛认为，全班反馈是一个潜在的“游戏规则改变者”。它可以极大地提高学生对学科的理解，提高教师对学生学习方式的理解。她支持正在尝试进行全班反馈的教师分享他们的想法。

第7章

制订计划：间隔学习和交错练习

本章主要包括规划作业的重要性、认知负荷对作业的影响以及间隔效应对规划作业的作用等内容。在布置家庭作业任务时，教师应该考虑穿插或混合主题，以最大限度地提高对学习和成绩的长期影响。

计划是教与学的重要组成部分，没有理由不让家庭作业成为我们计划的一部分。虽然英国教育标准局的《学校督导手册》（*School Inspection Handbook*）指出，检查员不希望看到包括教案在内的任何特定格式的课程规划，但我们的《教学标准》（*Teaching Standards*）仍然要求教师制作精心策划过的课程。例如，标准4要求我们“计划和教授结构良好的课程”，并说教师应该“通过布置家庭作业和计划其他课外活动，来巩固学生已经获得的知识、加深他们的理解”。这个标准与第4章中提到的当前课程中对知识的强调一致。这意味着教师应该用第4章和第5章中讨论的策略，来有效地“巩固和扩展学生已经获得的知识和理解”。不言而喻，如果这些任务的结果对学习和成绩有任何影响，那么在计划家庭作业时必须纳入这方面的内容。

同样，根据教育捐赠基金会的教学工具包中对学习和成绩影响最大的家庭作业案例可知，布置的任务是学习的组成部分之一，而非“附加项”。研究还表明，高质量的家庭作业反馈是一个关键因素。这一点在前一章中已经强调过了。因此，需要将家庭作业纳入学习单元，并将其作为教师备课的组成部分。家庭作业必须建立在已经教过或将要教的内容的基础上，并且在中期计划中必须考虑到家庭作业的反馈。我们应该确保家庭作业任务：

- 计划在课堂学习之后进行，可以是提取知识或练习所学的技能
- 按照教学顺序为学生准备下一课
- 不是简单地完成本该在课上做完的工作
- 不是为了布置而布置

然而，就计划而言，家庭作业比《教学标准》所建议的要更具多面性。我们在第2章中提及的研究表明，如果任务在时间和难度上都是可由学生管理的，那么家庭作业的作用会更大。学生们在校外的生活很繁忙，教师需要知道最适合学习的时间曲线。计划和布置过多的家庭作业与不布置作业一样会适得其反。教师还应该记住，学生们在其他科目上也有家庭作业。这意味着任课教师不仅需要制订家庭作业计划，还需要在各学科之间和整个学校范围内规划家庭作业。在理想的情况下，各个学科和学校需要对课程作业进行整体的统筹规划。

避免瓶颈：规划全校的家庭作业

教育捐赠基金会的教学工具包显示，在中小学阶段只要能定期布置作业，那么简短的、有针对性的家庭作业就是最有效的作业类型。该工具包引用了其他研究者的发现，即最佳作业时间是每天1—2个小时，对于年龄较大的学生来说时间可能会更长。正如我们所知，超过这个时间范围，家庭作业的效果就会减弱。尽管英国教育部和英国教育标准局并没有要求布置家庭作业，更没有告诉教师要布置多少家庭作业，但其之前的指导意

见在很大程度上与关于家庭作业的学术研究结果一致。表7.1展示了1998年英国教育与就业部的建议。

表 7.1　英国教育与就业部关于家庭作业时间分配的指导意见（1998 年）

年级	时间分配	科目
1—2年级	每周1小时	阅读、拼写、其他读写作业和数字作业
3—4年级	每周1小时30分钟	读写和算术作业，以及偶尔布置其他科目的作业
5—6年级	每天30分钟（每周最多2小时30分钟）	每周定期布置作业，继续强调读写和算术，但也广泛涉及其他课程的作业
7—8年级	每天45—90分钟（每周3小时45分钟—7小时30分钟）	未说明
8—9年级	每天1—2小时（每周5—10小时）	未说明
10—11年级	每天1小时30分钟—2小时30分钟（每周7小时30分钟—12小时30分钟）	未说明

显然，写作业的时间是有限的，需要约束那些给学生布置大量家庭作业的傲慢（或自以为是的）老师。上述指导意见的问题在于没有协调好学校内部各科目之间和各教师之间的作业设置。因此，英国教育与就业部建议应该给学生制定时间表（见表7.2）。这需要由校领导主导，并在教师（甚至学生）参与的情况下进行规划，以带来一种秩序感。

教师和学生通常应该在学年开始时就了解这些时间安排。对教师、学生和家长的指导也应在学校的家庭作业政策中列出。例如，抵达自由学校在其政策中规定了应该布置多少作业（见研究合集7.1）。

表 7.2　给学生的时间表

家庭作业时间表

	星期 1	星期 2	星期 3	星期 4	星期 5
英语		上交			布置
数学	每周定期布置，作业数量与其他科目一致				
科学		布置			上交
西班牙语			布置		上交
人文学科	上交		布置		
技术			上交	布置	
创意艺术	布置		上交		上交
公民教育	根据学生正在进行的项目要求布置				

研究合集7.1

抵达自由学校的家庭学习政策，第6节

6. 7—13年级的家庭学习进展

6.1 7—9年级——每周为学生布置一次各科的家庭作业，除了数学之外，所有科目都要在上交日之前留出至少两天的时间来完成作业。由于数学学科的性质，通常需要在布置作业的第二天上交。在每一周中，每个科目的家庭作业总时间应在30分钟左右。

6.2 10—11年级——各科教师在他们认为合适的情况下，为学生布置适当的家庭作业。每个科目每周至少有一项作业，正常的上交时间至少要定在布置作业后的两天。每个科目每周的家庭作业总量应在一个小时左右。

6.3 16岁以上的学生——教师告诉学生完成作业的截止日期，由他们自己管理时间。他们对自己的工作量负责，通过分配自己的时间，在截止日期前完成任务。每个科目每一周的家庭作业时间应在3个小时左右。

在KS3阶段，学生每个科目的作业时间不应超过30分钟；在KS4阶段，学生每个科目的作业时间不应超过1小时。这不仅让教师可以在作业中布置足够的提取练习或预习任务，而且符合教育捐赠基金会的教学工具包提到的“如果任务简短而有重点，则家庭作业的影响更大”的研究结果。KS5阶段的作业设置会更加开放，因为每个学生平均有3门课程，单科作业时长更短。因此，我的同事们将根据这一指导原则来规划家庭作业，以确保学生能够管理和完成他们的学习。

认知负荷和规划家庭作业

在第4章中我们了解到，为了形成长期记忆，需要将事实和概念嵌入或编码到一个图式中，这个图式可以帮助我们处理在任何特定时间接收到的所有信息和知识。迪道和罗丝用“组块”一词来描述这些编码后的信息片段。如果我们不能将这些组块构建并整合到图式中，那么我们就会面临信息过载的危险，甚至所有的信息都无法固定。我们有必要停下来思考一下认知负荷理论背后的研究，这应该是教师在计划家庭作业和指导学生完成任务时都要考虑的问题。同样，我们知道，学生们更喜欢易于管理的家庭作业。因为这些作业对学生而言在能力水平和用时方面都是合理的。

认知负荷可以分为两种类型（尽管也有其他类型）。它们是内在认知负荷和外在认知负荷。二者都与家庭作业息息相关：

- 内在认知负荷是指任务本身的性质。这里重要的是通过图式获得先验知识。正如前一章所强调的那样，如果我们设置了太多与先前学习过或教过的内容无关的家庭作业，学生就会更难完成家庭作业中的任务，也很难考虑到用他们拥有的所有知识为即将到来的课程做准备。
- 外在认知负荷与家庭作业的相关性极强，因为它既与学习条件有关，也与任务本身的设置有关。例如，如果学生在充满干扰的环境中完成他们的家庭作业，可能就会更难集中注意力去完成任务（这并不可取）。此外，如果我们给学生大量的指导和大量的信息作为一种刺激，对作业进行解释，甚至提供支架，可能会适得其反，因为学生什么都学不进去。

这一点很重要，因为任何家庭作业都应该是易于管理的。例如，罗森海因建议，学习新的内容应该遵循小步子原则，并且应该在每一步之后都有机会进行练习。任务应该是小而有规律的，并且能很好地适应上文讨论的学习曲线。我们还发现，在确保任务可行并且不会使学生超负荷等问题上，这些关于认知负荷的观点与第2章中的许多研究内容相吻合。在布置家庭作业时，教师应该做到以下几点：

- 要有清晰简洁的说明

1. 确保说明不要太含糊
2. 确保说明不要太长或太复杂

- 确保学生清楚地知道该作业与他们学过的或将要学习的内容之间的联系
- 在学生的能力范围内布置家庭作业
- 布置可以在规定的时间范围内完成的任务
- 精简任务，使家庭作业不至于杂乱无章

- 确保为学生提供的指导或资源是充足的，但不会给学生造成过重的负担
- 对于像阅读这样的任务要具体化——给学生具体页码或章节等
- 避免无限的可能性（例如，“尽你所能研究关于太空旅行的一切”）

基本上，布置时要避免作业的数量太多，或者让学生感到困惑。第5章中概述的关于布置预习作业任务的一些想法与这里的内容有所重叠。

间隔学习

由第4章可知，提取练习是提高长期记忆和整合图式的重要工具。它也是对抗遗忘曲线的有力方法。遗忘曲线是德国心理学家赫尔曼·艾宾豪斯（Hermann Ebbinghaus）提出的关于记忆的保持会随时间下降的假设（见图7.1）。尽管艾宾豪斯的研究可能会因为其方法有局限性而受到今天的心理学家和科学家的质疑，但有研究者已经复制了他的研究，并取得了积极的成果。

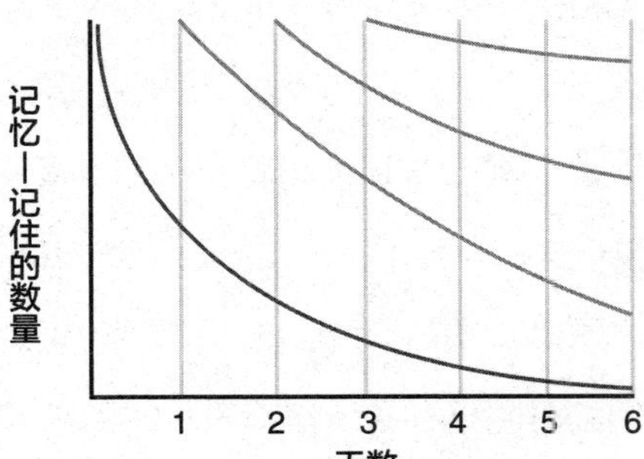

图7.1　艾宾豪斯遗忘曲线（改编自维基共享资源）

这条曲线显示了信息和知识在我们没有试图保留它们的情况下，是如何随着时间的推移而丢失的。图7.1是遗忘曲线的典型图示。由图片可知，

除非我们有意识地主动复习学过的知识，否则我们对新学知识的记忆将在几天或几周内减少一半。由此，人们认为可以通过定期的复习和提取信息来巩固记忆。

因此，在理想的情况下，对于那些侧重于提取练习的家庭作业，教师最好以固定的间隔来布置，同时也为低风险测试做好准备。研究者已经证明，要想在学术上精通一门学科，需要长期进行有规律、有重点的练习。马扎诺认为，仅仅经过4个练习阶段之后，学生就能达到潜在掌握一个学习领域或认知技能的中间点。然而，学生需要24次以上的练习才能掌握该主题或该学科领域的80%。这种练习将在几天或几周的时间内进行，具体时间取决于课程的时间和频率，不能操之过急。同样，纽厄尔（Newell）和罗森布鲁姆（Rosenbloom）认为，组块学习模式提供了一种随着时间的推移可以改善记忆的知识获取理论，这与我们使用组块和图式的术语非常吻合。因此，我们有责任就特定的主题、学习领域和技能布置家庭作业，其时间要比课上学习的时间长。这会涉及规划的一些要素。

定期练习的好处得到了关于间隔分布的研究的支持，也被称为间隔效应。研究者发现，只要活动之间的间隔是合理的，那么间隔练习可以随着时间的推移显著提高人们对于知识的记忆。例如，塞佩达（Cepeda）等人的实验让受试者“以0、1、2、4、7、11、14、21、35、70或105天等不同的间隔组合来学习晦涩的知识，并在第7、35、70或350天进行延迟测试”。研究者发现，较短的间隔时间更有利于知识的短期记忆，但较长的间隔时间更有利于知识的长期记忆。库珀认为，如果练习作业是随着时间而分散式或间隔式地布置的，那么练习作业比预习作业更有效。有效的家庭作业和间隔学习之间有着明显的联系：家庭作业提供了布置知识提取任务的机会，这些任务会根据时间设置相应的间隔，而且不会占用可能需要用于学习新内容的课时。

交错作业任务①

请容许我讲个故事。我上5年级时非常讨厌乘法表。一开始我很纠结，觉得过度重复地死记硬背是非常痛苦的经历。我甚至还把它们贴在门上和床边，让我坐在马桶上或晚上睡不着时可以复习，直到我厌倦它们。但是没过多久，我就放弃了这个方法。在小学老师检查学习情况的时候，我不得不偶尔在课堂上站起来，并像祈祷一样背诵它们，但是这无济于事。这也太糟糕了。最后，学校寻求特殊教育需求专家的帮助，把我送到一个叫"独立学习中心"的地方。我的同学们称其为"傻瓜学习中心"。我现在还偶尔会回想起这件事：大约4年前，作为"高级领导小组走访"活动的一部分，我进入了一个数学课堂，好心的数学老师问我6×7等于多少。我答错了。惊慌失措的我想了想，又给出了一个错误的答案。大家似乎都很尴尬。

我下定决心不让我的儿子阿南德（Anand）再经历这些。我们利用晚上的时间在家里定期练习乘法表，而且会在周日下午至少进行半小时的练习。直到我妻子决定进行干预前，事情一直进展得很不顺。她在不经意间加入了一些必要难度，这些困难确实帮儿子更好地掌握了乘法表。我犯了一个很简单的错误。我妻子在儿子依次掌握了每张乘法表后，立即将乘法表混在一起。而我却一直在浪费时间，让儿子死记硬背每张乘法表。虽然我妻子的方法和大多数父母都会使用的抽认卡方法类似，并不具有开创性，但她也确实展示了一个非常简单的交错练习的例子。她的方法就是按

① 在提取练习和家庭作业研究项目之后，交错练习成为赫特福德郡与巴克斯郡挑战合作伙伴中心研究项目的一部分。

顺序背诵好几遍，然后把乘法表自身的顺序打乱，最后把它们和其他乘法表混在一起。尽管偶尔会犯错误，但阿南德现在已经认识并且可以毫无停顿地背出乘法表来。我们是这样调整他的乘法表作业的（见表7.3）。

表7.3　4年级学生的交错乘法表作业

7的乘法表顺序版	7的乘法表乱序版	交错乘法表
1 × 7=7	6 × 7=42	9 × 9=81
2 × 7=14	10 × 7=70	6 × 4=24
3 × 7=21	1 × 7=7	2 × 8=16
4 × 7=28	5 × 7=35	5 × 5=25
5 × 7=35	12 × 7=84	7 × 3=21
6 × 7=42	7 × 7=49	11 × 6=66
7 × 7=49	4 × 7=28	4 × 4=16
8 × 7=56	11 × 7=77	10 × 12=120
9 × 7=63	2 × 7=14	8 × 8=64
10 × 7=70	9 × 7=63	2 × 2=4
11 × 7=77	8 × 7=56	12 × 7=84
12 × 7=84	3 × 7=21	3 × 3=9

另一个例子是小学作业中布置的听写表。如果听写是按顺序的，阿南德就会根据上下文学习拼写，只需简单地背诵下一个单词。当我开始改变儿子列出的听写顺序时，他发现这其实很难。尽管抱怨，他最终还是把它们拼对了。一旦他掌握了拼写的窍门，我也会加上一些以前的听写内容。这既是为了对抗上面讨论的遗忘曲线，也是为了增加难度。下面是一个拼写模式的示例（见表7.4）。

我儿子的班主任克莱尔·基尔蒂（Claire Keilty）在我们讨论乘法表时也对这一点表示了赞同。作为一名小学教师，她认为练习乘法表确实有效，但是练习不需要学生坐在桌子前死记硬背。她建议，父母可以随时随地教乘法表。无论是在上学前、在车上，或是在外出的火车上，父母都可

表 7.4　4 年级学生的交错听写作业

每周听写	把每周听写改变顺序	把每周听写与之前的听写混合在一起
Betrayal	Acquaint	Terrain
Prevail	Remember	Sentence
Indicate	Prevail	Prevail
Ascertain	Indicate	Disarray
Imitate	Hesitate	Refrain
Translate	Sentence	Waylaid
Refrain	Imitate	Ascertain
Hesitate	Betrayal	Campaign
Constraint	Refrain	Acquaint
Acquaint	Translate	Betrayal
Remember	Ascertain	Hibernate
Sentence	Constraint	Hesitate

以简单地要求孩子和他们一起背诵乘法表。更好的方法是在餐厅等待食物时，父母可以随机问他们5×4或9×6等于多少。这不仅可以让学生在不同的情境中学习（如第4章讨论的那样），还是使用间隔效应进行交错练习的一个例子。

就其本质而言，交错练习强调的是在计划间隔学习或分散练习时混合已经学过的主题，以便对正在回忆的知识进行更深入的思考。传统的分类式学习法是让学生先掌握一个主题，然后再学习下一个主题。与其相比，混合所学内容的方法可以提高学生的学习效率。根据潘（Pan）的研究可知，混合所学内容会在两个方面对学生产生影响：第一，它提高了大脑区分或辨别概念的能力；第二，它强化了这些概念之间的记忆关联。

此外，交错练习可以与间隔学习和提取练习相结合，在一个策略中创造出许多必要的困难。例如，有目的地重温所学内容并在活动中练习相关问题（例如，A1……A2……A3……），而不是将课程或活动封锁在一起或把它们限制在一个封闭的课程序列中，不再重温或复习其他内容（例如，A1A2A3），能更好地将知识保留在长期记忆中。麻省理工学院（Massachusetts Institute of Technology）的教师建议以交错的方式教授学科知识和技能。通过这种方法，学生在获得与之前学过的单元（或主题领域）某个方面相关的任务之后，又获得了与之前学过的单元（或主题领域）另一个方面相关的不同任务（例如，A1B1C1B2C2A2C3A3B3）。研究发现，这比单纯按类型分组的任务练习（例如，A1A2A3B1B2B3C1C2C3）有更好的学习效果。此外，将间隔练习与交错的主题内容整合在一起，可以将许多关键的学习策略结合在一起。其中包括：

- 遗忘。研究表明，少量的遗忘有利于提取练习，因为大脑必须更努力地回忆信息。通过将新旧主题混合在一起，大脑需要提取即将丢失的知识。
- 必要的难度。交错练习有助于信息的提取，因为将主题混合起来会产生必要的难度。这就会迫使大脑更努力地工作，提高从长期记忆中提取信息的能力。
- 情境干扰。这是另一种提高从长期记忆中提取信息的能力的机制。学生必须识别不同的概念，尤其是那些相似的概念。
- 精细复述。这是指学生专注于记住他们正在记忆的内容的意义，而不是简单地逐字逐句重复这些内容。如果提取的知识是交错安排的，会更有效果。因为这需要学生花费更多的精力来区分正确的答案。

因此，就计划学习而言，交错学习是与分类学习相反的。分类学习需要学生依次学习每个主题，而不是将这些主题“混合”起来学习。

很多具体的研究都聚焦于交错学习，我不再赘述。但比约克的研究为有兴趣的人提供了一个很好的解释。值得一提的是，罗雷尔的研究表明，虽然采用分类练习的学生能够更准确地在课堂上即时回忆（或学习）学科内容，但采用交错练习的学生在第二天回忆学科内容时表现得更好。此外，罗雷尔发现交错练习可以帮助学生区分相似的信息。这就避免了学生在提取知识时混淆概念或术语。例如，学生们经常会弄错拼写相似的单词（如“allusion”和“illusion”），或者在解决数学问题时混淆策略。

交错练习：对数学作业的影响

罗雷尔和他的同事是首先在学校中研究交错练习的。他们关于学生学习几何和代数的研究涉及了运用家庭作业和测试进行交错练习等内容。该研究调查了佛罗里达州坦帕市3所中学超过3个月的代数和几何的教学情况。学生们每周的课程与他们平时的练习基本没有变化。然而，每周的家庭作业计划会采用交错练习或分类学习的任务。在研究选中的9个班级中，有5个班级在斜率问题的学习上使用了交错练习法，在图形问题的学习上使用了分类学习法，其余4个班级的情况则相反。学生在完成一系列家庭作业之后，需要在5天后上一次复习课，还会分别在完成作业的一天后和一个月后进行突击测试。研究者发现，当一天后进行考试时，运用交错练习的问题得分率提高了25%；当一个月后进行考试时，交错练习的优势增加到了76%。虽然这项研究的重点是数学，但其他研究者认为，在当前的课程中计划一些活动——这些活动对以前学过的内容进行简单的复习，是布置有效的交错练习的方法。这样的复习活动也可以作为家庭作业布置下去，在课堂时间有限的情况下，该方法特别有效。

交错练习：对宗教教育的家庭作业有影响吗？

作为赫特福德郡与巴克斯郡挑战合作伙伴中心研究项目的一部分，在进行最初的家庭作业项目（见第1章和第3章）研究后，我一直在普通中等教育证书的宗教教育中采用交错式家庭作业和交错式启动问题。因为我使用了各种干预措施，交错学习的整体效果难以衡量。但是，自从使用了交错学习法，相对而言我的课程还是取得了成功。每周的课程主要包括以下内容：

- 一周内的每节课开始时都有6个启动问题：3个关于当前学习的主题，两个关于以前学过的主题，最后一个关于另一个以前学过的主题。
- 每周布置3道家庭作业题：一道关于当前学习的主题，两道关于以前学过的主题。
- 3道作业题包括4分或5分的问题，完成每道题大约需要5分钟。因此在总共30分钟的作业时间中，学生落在笔头上的时间不超过15分钟。如果学生需要的话，他们至少有15分钟的时间来准备。
- 这些交错任务的分布/间隔如表7.5所示。

表7.5　11年级普通中等教育证书宗教教育中的交错式启动问题和家庭作业

周数	启动问题1—3	启动问题4—5	启动问题6	作业1	作业2	作业3
1	当前主题	基督教信仰	宗教与生活	当前主题	伊斯兰教信仰	宗教与生活
2	当前主题	基督教习俗	宗教与犯罪	当前主题	伊斯兰教习俗	宗教与犯罪
3	当前主题	伊斯兰教信仰	家庭关系	当前主题	宗教与生活	家庭关系
4	当前主题	伊斯兰教习俗	基督教信仰	当前主题	宗教与犯罪	基督教信仰
5	当前主题	宗教与生活	基督教习俗	当前主题	家庭关系	基督教习俗
6	当前主题	宗教与犯罪	伊斯兰教信仰	当前主题	基督教信仰	伊斯兰教信仰
7	当前主题	家庭关系	伊斯兰教习俗	当前主题	基督教习俗	伊斯兰教习俗

除上述内容外，学生们还会对以前学过的内容进行周期性评估。在

6—7周的半学期时间内，除了正式的模拟考试外，我教的所有班级都将参加至少两次定时的评估考试。评估内容包括普通中等教育证书教学大纲中当前学习的单元和以前学过的单元两个部分。后者是按顺序计划的，以确保学生在课程的整体内容方面得到相应的评估。这种交错式启动问题、家庭作业和评估的组合似乎正在发挥作用：我的2018届学生的Progress 8获得了1.72分，这表明他们的实际成绩至少比预期成绩高出了1.72分。我教的2019届学生的评估成绩也显示，Progress 8的实际得分比预期高出了一个等级以上。该研究项目也采访了这些班级的学生，从回复来看，他们似乎也赞同这种策略。当然，我没有直接的证据来证明交错练习对学生的分数产生了影响，因为分数还可能受到了提取练习、间隔学习或其他干预措施的影响。

间隔学习和交错练习的局限性

尽管我对这些观点深信不疑，但我还是很感激有些人对教师如何在实践中应用这些策略提出了一些担忧。例如，关于间隔练习最大的问题之一是，间隔应该是均匀分布的，还是扩大化分布（间隔随着时间的推移而扩大）的？虽然有证据表明应是后者，但也存在着争议。这似乎是一个相对较小的学术分歧，但如果教师要把这些想法大规模地应用到学校和课堂中，确实需要注意自己对学习的理解可能会发生怎样的变化。另外，卡皮克（Karpicke）和鲍恩施米特（Bauernschmidt）提出，还需要进行更多的调查，以了解间隔时间的计算方式、不同实施程序的影响和间隔学习对学生学习和成绩的长期影响。而现有的研究很多都是短期的，研究对象是成年人，主题晦涩难懂。从实际意义上讲，我也明白自己倡导的最佳实践可能会让教师耗费数小时去计划，最后还不一定适用于每个情境、每个学科或每个学生。

费尔斯（Firth）提出，我们需要对交错练习的相关研究持谨慎的态度，因为现有研究的样本量有限，并绕开了课堂上学习者的多样性问题，本章先前引用的很多证据当然也是如此。费尔斯还呼吁进行更多的研究，如研究如何通过提高学生提取长期信息和技能的能力，来充分抵消交错练习和间隔学习对课堂的短期负面影响（如认知负荷）。到目前为止，研究者主要是在短期研究中调查交错练习的影响，但基于更长的时间范围来研究交错练习的影响也是有必要的。也许还可以通过纵向研究或对学校的学生进行跟踪调查来完善该研究。

第7章的要点

- 教师规划家庭作业任务是非常重要的。主要包括3个方面：必须计划适当的任务（例如，见第3—5章）；必须考虑到学生在家的时间和学习的曲线效应；必须了解认知负荷的问题。
- 因此，每隔几年，教师都要接受关于规划家庭作业的在职教育培训，并定期注意学校的相关政策和时间表。对家庭作业的规划应该被纳入教师培训课程，因为这是教师标准之一。
- 做任何计划都应该考虑到学生的认知负荷。教师们都在谈论平衡工作和生活，这对我们的学生来说也是如此。第2章的研究表明，学生喜欢家庭作业既具有挑战性，又是可以自主完成的。教师必须牢记这一点。规划作业时还应保持说明的清晰性和简洁性，避免模棱两可的任务。如果有需要，可以布置差异化作业，但要确保作业任务适合学生的能力水平。

- 关于作业中的间隔学习和交错练习的研究是引人注目的。即使它看起来过于复杂，但教师在实践中不应该忽视这一点。正如第4章所讨论的，学生们需要掌握大量知识才能通过考试并增加他们的人生机会。如果间隔学习、交错练习、提取练习和低风险测试等方法能够对抗遗忘曲线，教师就有责任将这些策略纳入课程、家庭作业、学习计划和整体教学。

拓展阅读建议

1. 伊丽莎白·比约克（Elizabeth Bjork）和罗伯特·比约克（Robert Bjork）（2019）《教育神话：教师循证指南》（约翰·卡特出版社，伍德布里奇，英国）

Bjork, R. A. & Bjork, E. L. (2019). *Education Myths: An Evidence-Informed Guide for Teachers.* Woodbridge, UK: John Catt Publishing.

伊丽莎白·比约克和罗伯特·比约克夫妇多年来一直在研究学习的科学，有丰富的知识可以与教师们分享。在这一章中，他们探讨了交错学习的内容，并对当前关于交错学习的研究作了简单易懂的概述。他们提出了选择交错学习而非分类学习的理由。

2. 沙娜·K. 卡彭特（Shnna K. Carpenter）、普嘉·K. 阿瓦尔加（Pooja K. Agarwal）（2020）《提升学习效果：基于间隔效应的提取练习》

Carpenter, S.K. & Agarwal, P.K. (2020). *How to Use Retrieval Practice to Boost Learning*

沙娜·K. 卡彭特和普嘉·K. 阿瓦尔加编写了这本简短但内容丰富的间隔学习指南。这本书值得一读，因为许多面向教师的书只简单地介绍了间隔学习，但这本小册子更深入地阐述了该策略。该书很好地解释了哪些类型的学习能从间隔效应中受益，间隔学习是如何开展的，以及如何解决实际问题等内容。

第**8**章

为学生和家长提供支持

本章首先讨论了学生对家庭作业的看法，然后探讨了教师如何在学校和家里给学生提供支持。本章提供了使用家庭作业俱乐部、奖励、惩罚和技术手段等方法。本章还探讨了有特殊教育需要的学生所面临的问题，以及教师如何帮助家长参与家庭作业等内容。

学生对家庭作业的看法：并非全是负面的！

尽管我十几岁时就对做家庭作业感到焦虑，而且我在目前的工作中也一直在督促着个别学生做作业，但英国和美国的学生总体上认为，家庭作业有助于他们在学校取得好成绩并能够影响他们的成就。有些学生甚至说他们能从家庭作业中学到很多东西。这种十分积极的态度让我感到惊讶，但深入了解后，我发现1941年进行的一项研究似乎也证明了这一点：在接受调查的115名小学生和86名高中生中，69%的高中生愿意接受家庭作业，77%的小学生认为家庭作业很重要；只有31%的高中生根本不想做家庭作业。正如前几章所述，学生们喜欢数量合理的家庭作业。

麦克贝思和特纳发现，在他们调查的1101名学生中，大多数学生说他们至少有时“喜欢做家庭作业”，但26%的小学生和30%的中学生说他们“从不喜欢做家庭作业”。在这项研究中，学生们抱怨最多的是家庭作业妨碍了他们做其他事情，而且做作业花费的时间过长。这支持了减少家庭作业时间的观点。麦克贝思和特纳认为，学生最有可能重视家庭作业的情况如下：

- 作业要求解释得很清楚
- 提前告诉他们作业要求，并有足够的时间去做作业
- 符合他们的能力水平
- 作业有趣味性或多样化

很简单，支持学生的首要方面就是要做好上述工作。这结合了前几章中关于如何清楚地布置家庭作业，以及如何规划家庭作业以避免学生在某些日子里作业负担过重等方面的内容。麦克贝思和特纳还发现，在教师和学校监督家庭作业并为学生提供额外支持的情况下，学生更有可能受到激励去尝试做家庭作业。而且对那些有特殊教育需要或其他社会困难的学生而言，其影响会更大。虽然第6章已经强调过监督和反馈的重要性，但仍有必要在此处提及。因为其他研究者发现“学生们经常提出，家庭作业与当前的学习内容关系不大，作业布置得不好，批改得很晚，还缺乏学生与教师的互动。这几个因素导致了对于作业的反馈的缺乏”。由此可知，教师针对家庭作业提供帮助、监督和反馈显然是必不可少的。

在学校给学生提供帮助

大量证据表明，不是每个学生在家里都有理想的学习环境。此外，有些学生在完成家庭作业时会遇到挫折或障碍：相对简单的情况可能是学生搬家或生病了；也可能是更复杂的情况——他们与兄弟姐妹同住一个房间；还有令人懊恼的情况——他们和朋友闹别扭了，因为情感问题而无法专注于作业。为了帮助面临这些问题的学生，学校及各部门可以组织：

- **课后辅导。**如果有老师在场，课后辅导可以在午餐时间或放学后进行。

为了使这个方法奏效，应该组织各科教师进行辅导，他们可以帮助学生完成具体的家庭作业任务。

- **专门的家庭作业俱乐部。**俱乐部可以为学生提供更精确的、更有针对性的支持，因为现场的教师都是学科专家。唯一的问题是，学生可能想参加的俱乐部太多，不知道该选哪个。
- **专门的补习班。**抵达自由学校的人文系在周四的午餐时间为没完成家庭作业的同学设立了一个“补课”环节。补习班由人文学科的专家每学期轮流指导，但它并不是一个真正的俱乐部，因为不愿意完成家庭作业的学生会被教师要求参加进来（这并不等同于“留校”）。
- **课堂时间**。虽然课堂时间很宝贵，但抵达自由学校仍为KS3阶段的学生每周安排一节课，为KS4阶段的学生每周安排两节课，让他们在这个时间内完成特别困难的家庭作业，或在必要时合作完成任务。某个年级组的所有学生都在同一时间上课，主要由数学、英语和科学老师来回巡视并帮助学生完成特别有挑战性的任务。

有不少关于家庭作业俱乐部影响的研究，其结果表明，如果管理得当且有称职的教师参与其中，家庭作业俱乐部便可以对学习和成绩产生影响。有证据表明，无人监管或学生注意力不那么集中的家庭作业俱乐部收效甚微。

帮助在家的学生

这一点比较棘手，因为教师们肯定不想在晚上8点的时候去拜访自己的学生，而只是为了帮助他们理解莎士比亚（Shakespeare）的14行诗。然而，除了前几章已经讨论过的关于任务、布置说明和计划的建议外，我们还可以：

- **了解自己的学生。**尽管教师不可能了解学生家庭生活中的所有情况，而且保护程序意味着你不会参与并影响他们生活中的每件事，但教师需要去了解他们的家庭学习环境。可以从教务主任那边了解相关的信息。
- **在学生中创造一种“家庭作业文化”。**切尔尼亚夫斯基（Czerniawski）和基德（Kidd）建议教师与学生讨论完成家庭作业的最佳时间和地点。鼓励学生使用时间表、计划表或在线任务跟踪器。
- **确保学生能够获得任务说明。**教师可以使用手账或在线平台组织作业。使用手账这一方法可能看起来很老套，但是有证据表明它是有效的。
- **确保学生们有适合的资源。**从现实的角度考虑：学生能不能充分地研究你布置的预习作业，或者他们能否在家里练习音乐作品？
- **利用技术。**如果要使用技术，需要确保学生们都能使用可靠的设备和互联网。

奖励和惩罚

确保对学生高质量的家庭作业给予表扬和奖励。尽管作业的质量与学生的能力有关，但教师需要根据作业的内容给予奖励，而不仅仅是因为学生完成了它就进行表扬。表扬的方法有很多种：

- 积极的评价和反馈
- 在课堂上大声表扬
- 奖励积分，如“学分”“勋章”或“学院积分”
- 奖品
- 通过写电子邮件或给家长打电话进行表扬

惩罚的方法如下：

- 扣除“学分”“勋章”或“学院积分”
- 课后留校，尤其是在学生作业未完成的情况下
- 通过电子邮件或电话通知家长未完成作业的情况
- 家庭作业报告

但是，教师需要多用表扬的方法。佩恩（Payne）通过研究发现，在英国的学校里，诸如剥夺休息时间或午餐时间、课后留校等惩罚措施在鼓励学生完成工作（包括家庭作业）方面往往会产生反作用。换言之，给学生的家人带来积极的反馈可以更有效地激励学生努力学习。其他研究者认为，奖励和惩罚都有其作用，但我们应该把良好的行为作为一种简单的社会规范建立起来，而不是通过外在的奖励和惩罚来强制执行。当然，家庭作业也一样。尽管如此，只要坚持要求学生完成作业，我还是会让未完成作业的学生课后留校。我会跟学生们解释家庭作业的重要性，并在必要时为其提供帮助。

使用科学技术辅助学生完成家庭作业

现在有各种在线平台和工具可以帮助学生完成家庭作业。一些常见平台有线上课堂、家庭作业管理平台（Show My Homework）和Doddle。许多教师也开始使用像Screncatsify和Loom这样的应用程序来制作视频，从而支持学生完成家庭作业。这对于提供附加说明或示范任务特别有用。我们学校通过在线工具将各种家庭作业与相关资源整合在一起。比如，我们可以整合视频、上传用于复习的课程幻灯片和工作表（学生还可以通过点击将工作表“复制”给自己）。学生完成作业之后可以等着教师进行在线检查和评分。在线工具甚至可以生成电子成绩单发给教师！

显然，在布置家庭作业任务或利用技术完成家庭作业时，教师应遵守

基本的管理规则，以便更好地利用这些技术手段。例如，教师应努力做到以下几点：

- 在布置所有任务和与学生交流时营造一种支持性的氛围。不要过于期望学生在技术方面也同样精通。尽管你在视频中已经解释了等边三角形，他们也仍旧需要教师的帮助。
- 在线上布置的家庭作业是有规律可循的。我们在线上布置和呈现作业的方式必须保持一致。
- 接受任何虚拟学习环境。线上课堂或其他应用程序都可以是我们的虚拟课堂。教师需要解释对作业的期望，如果是在线完成的方式，还需要使用评论流/反馈的功能。
- 在希望学生达成的目标方面现实一些。目标的制定需要考虑到不同班级或学生的不同能力。请记住，科技的使用并不一定会让在家学习变得更容易。
- 如果可能的话，用表扬的方式来激励学生。教师可以利用视频或其他流媒体进行全班反馈，也可以在线上课堂等个人虚拟学习环境中私聊学生，给出评价。
- 考虑班上那些处境不利的学生。不是每个人都会有一台打印机或教师心目中他们应该拥有的所有文具。
- 如果学生需要联系教师，教师需要指定他们可以联系的时间段。

关于利用计算机辅助家庭作业和相关技术的证据是有限的，而且总是很快就过时了。另外，本书是在新冠肺炎期间写的，这意味着教师、学生和家长在家里利用科学技术进行学习的速度加快了。科学技术改变了社会，也改变了我们的学习方式。教师必须不断地去适应各种变化。哈勒姆和罗杰斯发现，计算机辅助学习在可以立即给出答案和反馈的情况下是有用的。现在线上表单或Quizzes等应用程序可以很容易实现这些功能。他们还列举了在线聊天室帮助学生参与学习的证据。我的同事法耶·考德威尔也曾使用过这种方法，效果很好。一些学习文学的学生比起在课堂上发言，更喜欢参与线上课堂的聊天室（见实践者研究专栏8.1）。

实践者研究专栏8.1

法耶·考德威尔——利用线上课堂拓展和培养学生的求知欲

许多学生对在全班面前开口表达自己的想法缺乏信心。使用线上课堂可以让学生以一种不那么正式的方式来表达他们的想法，也可以鼓励他们更多地进行尝试和冒险。同时，这也是一个有效的布置作业的方式，因为学生们可以在家里或课后通过在线工具做出回答。一般来说，最自信的学生会更快地完成任务，线上课堂正好可以让那些正在努力思考的学生看到“示范”回答，进而帮助他们思考。在课堂讨论中，老师可能只有让三四个学生分享他们想法的时间。但线上课堂可以让老师快速地对所有学生进行形成性评价，确保每个学生都能做出贡献并被听到。学生们的答案库可以在以后的复习中使用，也可以拓展后写成一篇个人文章。对此，学生们的反馈都很积极——他们喜欢用这种不那么正式的方式表达自己的想法，而且真的感觉到在这个过程中同学之间在互相学习。

学生反馈

学生们的反馈非常积极。请阅读以下精选语录

- “其他人的评论帮助我扩大了词汇量。”——艾丽丝（Iris）
- “如果你有点卡住了，可以看一下课堂评论，看看其他人写了什

么。”——维克多莉亚（Wiktoria）

- “如果你在挣扎或觉得任务很难，那么总会有人理解你，你可以看到他们的反馈。”——安娜贝尔（Annabel）
- “大家可以看到彼此的评论，因此在老师教我们的同时，我们也在互相学习。”——约恩（Eoin）
- “线上课堂上的作业帮助并激励了我进一步探索我们正在做的事情。”——梅根（Megan）
- “它让我看到其他人是如何以不同的方式解释同一篇文章的。这让我对同一件事产生了不同的想法。”——埃斯梅拉达（Esmeralda）
- “线上课堂对我的学习有帮助，因为我们能够直接看到别人的想法和答案。”——莉娜（Liena）
- “他们的想法给了我新的思路。”——埃萨（Esa）
- “我发现这比在全班面前分享我的想法更容易。”——米莉（Millie）

法耶完成的这项工作，是她对赫特福德郡与巴克斯郡挑战合作伙伴中心家庭作业项目贡献的一部分。

为不同能力的学生提供支持

几十年来，我们一直鼓励教师推行个性化学习和差异化学习。最近，我们还强调为先前取得较高成就的学生（也被称为“更有能力”的学生）提供拓展和挑战活动。教师总是被告知要阅读并了解特殊教育需求计划和教育、医疗和社会保障计划，让课堂更具包容性。事实上，一些关于家庭作业的研究也反映了这一点，尤其是当学生遇到一些影响他们完成家庭作业的常见问题时。这些困难可能是一般的认知发展问题，也可能是记忆、注意力、提取能力和信息表达方面的特定缺陷。以上这些困难都会影响学生的注意力，而研究已经证明注意力与家庭作业和成绩之间有正相关关系。哈特耶斯（Hartjes）认为，“由此可见，身心有障碍的学生期望值较低，从而降低了其家庭作业的集中度和完成度”。重要的是，这也可能影响到有情感需求的学生，使他们出现行为问题和依恋问题。

哈特耶斯在关于学习需求和家庭作业的研究综述中发现，对有学习需求的学生（尤其是有身心障碍的学生）来说，最常见的家庭作业支持策略主要包括以下内容：

- 将家庭作业完成率绘制在图表上
- 为学生提供外在的激励和强化措施
- 使用家庭作业计划的理念或资源
- 教学生使用自我监控系统
- 提供真实的任务来培养学生的兴趣
- 允许学生以小组合作的形式来完成作业
- 鼓励学生的家人参与家庭作业

哈特耶斯和许多研究者都认为，尽管学习技巧课程、自我监督和外在动机等在学校很受欢迎，但仍有必要进一步研究这些课程对学生成绩和幸福感的影响。

虽然个性化或差异化作业的运用似乎已是一种常识，但一些研究表明教师要谨慎使用这种方法。有研究者发现，如果教师沿用社会学上常见的标签化概念，给学生贴上“低能力”的标签，会对学生的自尊心和最终的成绩产生不利的影响。纳尔逊（Nelson）等人的报告说明，差异化作业会对低能力的学生产生负面影响。如果在小学阶段不加以处理，问题会特别棘手，因为当学生升入中学时，他们可能已经对自己的学习能力完全失去了信心。哈勒姆和罗杰斯认为，这还与分班方式有关，在混合能力的班级中布置差异化作业的情况比在低能力的班级里更少。

一些研究表明，能力较强的学生从拓展型作业中受益更多。研究还发现，无论如何，能力较强的学生都会有更多的家庭作业，这说明教师对学生能力的看法可能会影响布置给学生的家庭作业数量和频率。教师可能会在学生完成主要家庭作业的基础上，鼓励他们完成选择性拓展任务。然而，能力较强的学生与其他学生一样，也会有认知负荷和劳累过度的情况。

家长对家庭作业的看法

家庭辅导组织“牛津家庭教育”在2019年进行的一项研究表明，家长们不太热衷于家庭作业。在他们对1000名家长的调查中，23%的家长表示，当孩子请求帮助时，他们感到有压力；而31%的家长认为如果不能帮助孩子，自己会感到尴尬。可悲的是，只有33%的家长有信心辅导孩子的家庭作业。这些统计数据所反映的并不是一个新的现象，因为以前的研究就已经发现了类似的问题。所罗门（Solomon）等人在曼彻斯特附近的罗奇代尔市调查了家长对家庭作业的态度，发现只有31%的家长对他们给孩子提供支持有信心。这一点很重要，因为一些研究者认为，父母对家庭作业的态度会直接影响他们的孩子对家庭作业的态度。爱泼斯坦和范沃里斯指出，接收到父母对家庭作业的负面看法的学生更有可能自己也接受了这些意见。这不仅会影响学生的成绩，还可能引发校内的冲突。这使得胡佛·登普西（Hoover Dempsey）等人指出，“父母参与家庭作业的最关键结果，可能是学生在学校学习过程中所表现出的态度、想法和行为”。虽然牛津家庭教育和罗奇代尔的研究不一定反映出家长对家庭作业的敌对态度，但父母对家庭作业表现出任何的冷漠或逃避的态度，都可能会对他们的孩子产生连锁反应。

在赫特福德郡与巴克斯郡挑战合作伙伴中心的研究项目中，我们还征求了64位家长的意见。虽然大多数家长都支持布置家庭作业，但他们对家庭作业的总体看法与中心的其他研究结果截然不同。例如，只有14%的家长认为练习作业是最有效的家庭作业类型；还有25%的家长认为，没有任何类型的作业是有效的（见图8.1）。由此可知，家长可能希望了解教师布置家庭作业的理由，也希望得到关于如何支持学生的建议。他们的观点在附录3中有更详细的讨论。

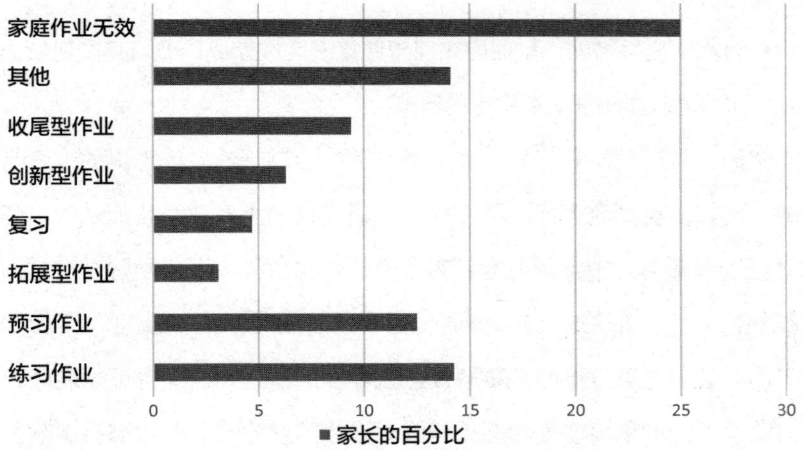

图8.1　家长认为最有效的家庭作业类型（按百分比统计）

帮助家长辅导孩子的家庭作业

一些研究者发现，对于许多家长而言，家庭作业是对他们自己在学校的失败或失去的其他机会进行补偿的机会。其他人则认为他们没有能力提供帮助，而且家庭作业的要求也剥夺了他们的这项权利。这表明，家长和学校之间需要经过有效的沟通来互相信任、彼此支持。支持家长参与家庭作业的实际策略包括：

- 制定明确且家长友好的家庭作业政策
- 与家长分享学生的家庭作业时间表
- 确保家长能够获得家庭作业手账，或访问在线作业网站
- 如果使用了在线网站（如线上课堂），那么教师需要提供培训课程或制作视频，来解释这些网站是如何工作的
- 与家长分享课程计划，计划中要提及可能涉及的家庭作业任务
- 提供说明家长如何帮助孩子完成作业的文件（把这些文件放到学校网站上）
- 为家长提供培训，教他们如何帮助孩子完成家庭作业，其中包括小学阶段的数学和语法课程等内容

然而，从这项研究来看，家长对家庭作业过于消极或恐惧的态度是错误的。例如，英国教育标准局声称，他们调查的大多数家长都认为家庭作业对孩子有帮助。中学阶段有87%的家长如此认为，而小学阶段有64%的家长如此认为。布莱泽（Blazer）认为，家长参与家庭作业可以增加陪伴孩子的机会，也可以更好地了解孩子在学校的学习情况。有证据表明，家长对家庭作业的积极态度和期望能够对学生的学业成绩产生积极影响。需要注意的是，尽管有一些学生对家长的帮助表示感谢，但部分学生认为在父母并不一定精通所需的学科知识或技能的情况下，这可能会让他们在做高难度的任务时更加困惑。爱泼斯坦和范沃里斯在回顾了其他研究后，建议教师在家长参与家庭作业时采取如下做法：

- 让家长了解课堂上的教学内容
- 促进亲子对话，这可能会提高学生对家庭作业的重视程度

- 帮助学生了解如何在现实生活中运用学习成果

请参阅实践者研究专栏8.2，了解我的同事如何将这些想法付诸实践。

此外，教师在家庭作业方面与家长进行有效沟通可以影响家长与学校的关系，这必然会对学生有所帮助。例如，有效的沟通可以：

- 让家长有与教师沟通或联系的渠道
- 让家长了解并参与到课程活动中来
- 告知家长如何支持孩子的学业，尤其是在家长必须签署计划书的情况下
- 帮助教师对特定的学习者进行差异化教育
- 给家长提供支持，帮助他们“扮演好导师的角色”
- 让家长参与到完成作业的过程中。例如，与孩子一起讨论，或回答孩子设计的问题

实践者研究专栏8.2

迈克·加维——家长参与对孩子复习技能的培养可以在多大程度上改善7年级学生的家庭作业成效

迈克的赫特福德郡与巴克斯郡挑战合作伙伴中心/剑桥之星研究项目的目的是实施和评估一项家庭作业计划。该计划在家长的支持下提高了7年级学生的口头表达能力、学科知识和复习技能。为了巩固学生对主题领域的理解，锻炼他们进行长时间表达的能力，学生要向他们的父母讲授该主题的内容。该主题领域的重点是历史中有关中世纪的内容。迈克使用定性和定量相结合的方法来评估这些任务的效果。学生分别要在研究开始和结束时接受调查，调查内容包括多项选择题和开放式问题。

迈克发现，家长参与家庭作业对孩子（尤其是男生）在复习技能方面的信心和短期内保持知识有积极影响。这证实了“教师让家长参与家庭作业”计划的结果，交互式家庭作业提高了学生的写作成绩。他还发现，学生对需要家长签名的作业完成率较高，这表明只要家长稍微参与到一项家庭作业中（例如，家长需要进行口头反馈），该项作业就能取得成功。迈克觉得，麦克贝思和特纳在研究中强调的23%的家长从不与5—6年级学生一起做家庭作业的普遍趋势在适当条件下是可以被改变的。他的研究还证实了巴利（Balli）的研究结论，即95%的学生认为，如果在完成家庭作业时能得到家长的帮助，自己的学习就会有所提高。

当然，这一研究结果与调查的学校情况是紧密相关的。

迈克是位于赫特福德郡乔利伍德市的圣克莱门特戴恩学校负责教学的副校长。

过于热心的父母和家庭作业

重要的是要考虑到专横和控制欲强的父母会对孩子的成就（当然，还有幸福感）造成怎样的负面影响。过度安排或过度批评孩子作业的家长，尤其是他们的负面评论，会影响孩子的学习动机、努力程度和成绩。瓦特洛特把专横的父母称为“直升机父母”，他们会在孩子们完成作业时盘旋在孩子头顶，仔细检查孩子做的每一项作业。此外，学校要求学生取得好成绩的压力可能会在不经意间影响到家长，可能导致他们更多地参与到学生的作业中，也可能会损害孩子的利益，还可能导致家长自身的痛苦和焦虑。基于此，卡萨瓦诺（Casanova）提出，学校需要保持谨慎，不要让家长过度参与学校的教育过程，也不要认为缺乏明显的家长参与是家长不感兴趣或冷漠的标志。正如卡萨瓦诺所警告的，“我们不能把父母的参与浪漫化，只赞美其优点而不承认其缺点”。因此，教师应该接受相关培训，使他们了解“如何发现学生因家长的支配而感受到的焦虑或痛苦”“如果他们需要与家长联系，应该向谁提出”等问题。教师也应该有信心处理好家长要求增加作业量的问题，或者知道当家长无理取闹时应该向谁寻求支持。

尽管家长对家庭作业的态度似乎会影响学生对家庭作业的态度，但有人质疑家长的参与对学生成绩的影响。哈勒姆和罗杰斯援引各种研究后得出的结论是：证据是混杂的。当前的研究结果在家长的帮助可以改善和影响孩子成绩、不确定是否有影响和否定其影响之间摇摆不定。库珀明确指出，“是的，它确实有效”。他的元分析表明，培训家长参与孩子家庭作业的项目确实有效。尽管没有来自中学的数据，但他认为这种影响在小学阶段更为显著。事实可能确实如此，因为其他研究表明，家长在小学阶段的参与程度比中学阶段更高。因为随着学生年级的增长，他们会变得更加自主和自律。

第8章的要点

- 为了给予学生适当的支持，教师需要布置适合学生能力水平的家庭作业，这样作业才能发挥作用。这不仅是基于本章所述的调查结果，也是根据抵达自由学校学生的意见所得出的结论。
- 太容易或太有挑战性的作业都有问题，当学生不能从家里寻求帮助的时候更是如此。
- 教师也要避免给学生贴上过于明显的标签。最好采用现有的观念和策略来帮助有学习需求的学生，但要适度地将其传达给学习有问题的学生。

- 研究表明，学生喜欢作业俱乐部和在线支持的方法。学校应尽可能鼓励这些活动。
- 科学技术也有助于布置、促进和监督家庭作业，但教师应尽可能地了解最佳实践和技术的局限性。
- 家长对家庭作业的态度确实会影响到孩子对家庭作业的态度，但家长的参与可能会产生混合效应。一方面，如果家长真正理解他们的孩子需要帮助，并有耐心给予孩子们任何帮助，那么他们的参与可能是有益的。另一方面，如果家长的期望值太高，这种参与似乎会变味。当然，家长自身的知识和技能也起着一定的作用。因此，教师需要意识到家长参与的局限性，这样家长参与孩子的学习才不会带来弊大于利的结果。关键在于教师如何布置家庭作业：如果学生认为他们可以独立完成作业，就不一定需要家长的帮助。
- 学校需要有清晰、简洁的家庭作业政策，有支持家长协助孩子完成家庭作业的相关文件，有家长可以查阅的学生家庭作业时间表、计划表/在线家庭作业日历等。

拓展阅读建议

1. 苏珊·哈勒姆（Susan Hallam）、琳恩·罗杰斯（Lynne Rogers）（2018b）《家庭作业的实证研究》（伦敦：伦敦大学学院教育出版社）

Hallam, S. & Rogers, L. (2018b). *Homework: The evidence.* London: UCL Institute of Education Press.

正如之前推荐时所说，这本书在综述家庭作业的研究方面是非常权威的，第5章和第6章分别从学生和家长的角度探讨了家庭作业。此外，第3章涵盖了各种支持策略。

2. 格里·切尔尼亚夫斯基（Gerry Czerniawski）、沃伦·基德（Warren Kidd）（2013b）《利用家庭作业提升学习效果的300种实用策略》（公开大学出版社，美登赫）

Czerniawski, G. & Kidd, W. (2013b). *Homework for Learning: 300 Practical Strategies*. Maidenhead: Open University Press.

虽然我并不推荐这本书提出的所有策略或想法，但第6章提出了支持学习者的策略，这些策略在大多数情况下肯定是有用的。第3章则比较深入地探讨了差异化教学。然而，第3章中的一些观点会受到倡导以认知科学为基础的教学法的研究者的质疑。

第9章

撰写家庭作业政策

本章提供了撰写家庭作业政策的基本建议。主要内容包括如何有效地沟通、与家庭作业有关的法律和法规要求，以及哈里斯·库珀关于撰写循证作业政策的观点。本章的最后列举了一些与本书论点相一致的家庭作业政策案例。

制定一个完善的家庭作业政策是让教职工、学生和家长了解学校对家庭作业的期望，以及这种期望与最佳实践之间的关系的基础。在理想的情况下，家庭作业政策就像所有的政策一样，是有研究依据的。重要的是，教师在撰写家庭作业政策时要考虑到目标受众（那些你希望阅读该政策的人）。

现在，许多由政府机构制作的传单都有简明英语组织（Plain English Campaign）颁发的水晶标志。这是为了证明其文本是清晰和简洁的。我们应该确保所有的政策都是直截了当的，以便我们的目标受众能够理解有关政策制定的目的、程序和结果。当然，我并不是建议学校申请水晶标志，但简明英语组织的原则对我们和其他人一样适用。此外，任何政策都应该以简明扼要的语言阐述。

编写政策

正如建议的那样，我们要确保政策的基本原理和目标是明确的。还需要在政策中进行细分，确保所有关键的利益相关者，如教师、学生、家长等人的利益。如果需要的话，还应将学校理事包括进去。例如，抵达自由学校的家庭学习政策是为了响应赫特福德郡与巴克斯郡挑战合作伙伴中心的家庭作业项目而制定的，它有以下几个分项：

- 目的——解释为什么需要这项政策
- 原则——我们试图通过政策实现的目标
- 教师的作用——他们在实现上述目标方面的作用
- 父母、监护人和照料者的作用——他们在实现政策方面的作用
- 学生的作用——他们在实现这些政策方面的作用
- 7—13年级学生的家庭学习进展情况，包括以下内容：

1.7—9年级——简要总结教师的期望，即要设置多少内容以及如何设置

2.10—11年级——同上

3.16岁以后——同上

- 监督和审查——何时审查该政策
- 与其他政策的联系——说明与该政策相关的其他政策

法律或法规问题

学校政策应表明学校遵守法律或法规指导。但家庭作业是不同的：第一，没有关于家庭作业的法定指导方针。正如我们在第7章中所看到的，过去有指导方针，但在2012年被废除了。第二，自2019年起，英国教育

标准局不再将家庭作业纳入其检查框架。但我对此持保留态度。（从根本上说，英国教育标准局仍然可以检查家庭作业是否符合学校的整体教学政策和策略，特别是如果学校政策中纳入了关于家庭作业的部分内容。）第三，法律没有要求学校制定家庭作业政策，也没有要求学校将其公布在网站上。如果学校期望学生在课外完成大量的工作，却没有通俗易懂的政策，这可是一种糟糕的做法。

传达政策

如果家庭作业政策已经写好、重写或在审查后有重大改变，那么学校需要告知教师这对他们的工作有什么影响。因此，应该在该项政策生效前后对教师进行培训。也可以将其纳入在职教育培训课程。这项培训应包括政策的程序和实施办法。家庭作业政策应该详细解释对教师的期望，并给予相应的范例。所有教师应该知道在哪里可以找到这些政策，以便参考。

政策应在学校网站上公布，如有必要，可以将其通过电子邮件发送给家长。在接待处放置该政策的纸质版也是明智之举。虽然只有某些政策需要在学校网站上公布，但是根据爱泼斯坦和范沃里斯关于与家长沟通的研究可知，在网站上公布其他帮助教职员工与家长沟通教学问题（包括家庭作业）的政策是有意义的。如果有人对学校的家庭作业政策或做法提出疑问，教职工应能通过电子邮件将这些链接发给家长。

哈里斯 · 库珀：专门的家庭作业政策

库珀回顾了有关家庭作业的政策和其他文件后提出，政策应该明确家庭作业的重要性，讨论其不同的目的；明确不同年龄段或年级的期望，并清楚地解释学校管理者和教师在促进家庭作业方面的作用。他还建议尽量减少家长的参与，并且避免家庭作业过于个性化。更重要的是，他提出在政策中应强调练习作业的重要性，本书的论点也受到其研究的影响。我所在的学校在制定自己的“家庭学习”政策时就参考了库珀的观点（见研究合集9.1）。

研究合集9.1

抵达自由学校校长理查德·布斯对编写家庭作业政策的研究

教师在有限的课堂时间内向学生传授的内容也是有限的。因此，健全的家庭作业政策对于年轻人在课外继续学习至关重要。学习的过程应该是愉快的。年轻人应该明白学习带来的社会效益和经济效益，家庭作业是其中的一个重要方面。它应该在所有学校中发挥作用。在我看来，最好的家庭作业政策没有过多的规定性要求，而是鼓励采取灵活的方法，使学生能够在家里继续学习，研究和巩固某一特定学科的知识。

家庭作业政策案例

下面是融入了本书思想的3个家庭作业政策案例。其中一个是小学的例子，另外两个是中学的例子。前两个例子节选了部分内容呈现出来，但第三个例子是我所在学校的政策，是全部展示的。

例9.1

克兰伯恩小学，波特斯巴市，赫特福德郡

这项政策是为早期基础阶段（0—5岁）、KS1阶段和KS2阶段的学生制定的，其中包含了很多库珀建议的内容。例如，政策中说明了学校布置家庭作业的基本原理，它被称为“我们的精神”（该政策还规定了布置家庭作业的类型）。

我们的精神：我们相信家庭作业对孩子的进步和成绩是至关重要的。在克兰伯恩小学，家庭作业的重点是发展和提高学生的英语和数学核心关键技能。家庭作业中的具体活动是由教师制定、家长支持的，以复习技能和巩固学习为目的。孩子们也有机会通过参与和完成基于主题的家庭作业来培养对学习的热爱。

我们的期望：

早期基础阶段（0—5岁）

- 在家与成人一起阅读
- 练习阅读棘手的/标红的单词
- 每周的自然拼读活动
- 关于数学技能的任务
- 促进交流的活动

KS1阶段（1—2年级）

- 每天在家与成人一起阅读
- 每周布置关于数学技能的任务
- 每周布置关于语法的任务
- 拼写——1—2年级常见的难点单词

KS2阶段上（3—4年级）

- 阅读理解任务
- 每周布置关于数学技能的任务

- 每周布置关于语法的任务
- 拼写——3—4年级的必背单词

KS2阶段下（5—6年级）

- 阅读理解任务
- 每周布置关于数学技能的任务
- 每周布置关于语法的任务
- 拼写——5—6年级的必背单词

该政策对家庭作业应该用的时长给出了明确的指导方针，同时指出作业时长并非总是固定的。重点在于家庭作业如何帮助孩子学习，而非它是否需要达到一定的时间。例如，有些孩子会比其他人做得更快，他们可以在更短的时间内完成更多的作业任务。以下是针对小学生的指导方针：

- 1—2年级：每周1小时
- 3—4年级：每周1.5小时
- 5—6年级：每天0.5小时

我们不应该期望孩子在家庭作业上花费的时间比规定的更长。只要这项活动是有用的，孩子完成该项作业的时间没有规定的那么久也没有关系。

例9.2

钱德尔哈姆高中（劳鲁斯信托基金的成员校），钱德尔哈姆，柴郡

钱德尔哈姆高中是柴郡一所男女同校的综合中学。它的家庭作业政策似乎与库珀的一般政策相呼应，明确了学校布置家庭作业的原因和类型。该政策被称为“预习、练习和提取的政策”，而不是“家庭作业政策”，它厘清了家庭作业的目的。例如，该政策的“愿景”指出：

在劳鲁斯信托基金的成员校，我们把家庭作业（学生在课外时间完成的工作）称为预习、练习和提取（P，P&R）。教师会布置有意义的、具有相关性的作业，在规定课时之外拓展学生对于每个领域的学习。该项作业与学生正在研究的主题密切相关，并且/或者建立在支持这些主题的核心技能的基础上。学生应该感觉到P，P&R既具有挑战性又具有价值。P，P&R对学生的进步和成绩有着积极的影响，同时培养了学生对该学科的兴趣。P，P&R还能够培养学生的自主学习技能和良好的学习习惯。这对学生在11—16岁的学校生活和高等教育中取得成功是至关重要的。

并非所有的P，P&R都是在家里完成的。有的学生可能觉得在家很难完成该任务，或者有的任务在学校更容易获得相应资源。在这种情况下，P，P&R可能需要在学校完成。无论家庭的背景或环境如何，每个学生在需要时都会有机会得到帮助。学生在课堂外完成的工作分为“预习”“练习”或“预习和练习”等类型。学科教师应向学生说明布置的任务类型，并解释它与课堂上的学习内容有何联系。

接着该政策给出了预习任务和练习任务的例子，后面还有关于布置家庭作业的数量以及作业应该用多长时间的部分。研究表明反馈是至关重要的（见第6章），该政策也有关于反馈的部分。该政策根据2010年颁布的平等法案进行了合理的调整（包括残疾学生）。还有关于作业质量保障的内容。

该政策指出，并非所有的P，P&R都需要在学校完成。这也恰好反映了库珀“家庭作业包括在教学时间之外完成的所有工作”的观点。

例9.3

抵达自由学校，里克曼斯沃思，赫特福德郡

学校政策的制定与本书的写作都受到了同一个研究项目的影响。该政策涵盖了我们学校的宗旨、原则，还有对教师、学生的期望。尽管库珀对此十分谨慎，但我们的政策也包含了有关家长的部分。我们称之为家庭学习政策，全文如下：

家庭学习政策

1. 宗旨

1.1 家庭学习是学生在课堂之外继续学习的宝贵机会，并且是达成抵达自由学校教育宗旨中所说的学业成就的一个重要因素。有效地布置和完成家庭学习任务，将成为提高成绩和鼓励学生培养积极的学习态度的重要途径之一。这种影响将伴随他们终生。

1.2 在家里学习可以增进学生的学习经验，培养他们对教育的独立意识和自主意识。我们期望学生在抵达自由学校学习的几年中，通过在家里继续学习来拓展他们在学校学习的内容。

1.3 工作的重点放在学习任务的质量和适用性上。学科教师将根据抵达自由学校的评价政策对家庭学习的情况进行审查。

1.4 随着学生在学校不断取得进步，他们需要花更多的时间在家庭学习上。

2. 原则

2.1 鼓励学生成为独立的学习者，达到高标准，具有创造性，锻炼个人组织能力。

2.2 让所有学生有更多机会在家中完成作业，从而加强他们的学习。在家里完成任务可以让他们巩固在学校首次接触到的新知识、技能和观点等，也可以让他们为以后的课堂学习做好准备。

2.3 加强家校合作，让家长、监护人和照顾者有机会以实际行动支持和鼓励孩子的学习。

3. 教师的职责

教师团队将：

3.1 计划家庭学习，确保它是课程规划的组成部分。

3.2 根据最新的证据，制定适当的任务（例如，基于练习的活动和为未来学习做准备）。

3.3 根据第6节的要求来布置家庭学习任务。

3.4 为学生完成家庭学习提供明确的指示和信息。

3.5 根据学校的评估政策，对学生完成的作业进行评估。

3.6 根据抵达自由学校的行为准则，对没有在指定日期内提交家庭学习成果的学生进行处罚。

3.7 确保学生有完成家庭学习所需的适当资源。

3.8 根据抵达自由学校的行为准则，对学生付出的努力、取得的成绩和按时完成作业的行为进行适当的奖励。

4. 父母、监护人和照顾者的职责

我们希望父母、监护人和照顾者应：

4.1 提供一个安静又合适的地方，让学生可以独自或与大人一起在家中学习。

4.2 让学生清楚地意识到家庭学习的重要性，并帮助学校解释在家学习如何有助于他们的学习。

4.3 在学生完成家庭学习任务后，鼓励和表扬他们。

4.4 检查学生是否完成了家庭学习任务，并在他们计划表的相应位置填上内容。

5. 学生的职责

希望学生们能够：

5.1 积极检查已经为他们布置的家庭作业，并将他们向老师提交作业的时间记录下来。

5.2 如果学生们不清楚自己要做什么，就去寻求帮助。

5.3 以努力、勤奋和自豪的心态在家学习。

5.4 按时、有序地提交家庭学习材料。

6. 7—13年级的家庭学习进展情况

6.1 7—9年级——每周为学生布置一次各科的家庭作业，除了数学之外，所有科目都要在上交日之前留出至少两天的时间来完成作业。由于数学学科的性质，通常需要在布置作业的第二天上交。在每一周中，每个科目的家庭作业总时间应在30分钟左右。

6.2 10—11年级——各科教师在他们认为合适的情况下，为学生布置适当的家庭作业。每个科目每周至少有一项作业，正常的上交时间至少要定在布置作业后的两天。每个科目每周的家庭作业总量应在一个小时左右。

6.3 16岁以上的学生——教师告诉学生完成作业的截止日期，由他们自己管理时间。他们对自己的工作量负责，通过分配自己的时间，在截止日期前完成任务。每个科目每一周的家庭作业时间应在3个小时左右。

7. 监督和审查

本政策将由抵达自由学校的管理机构每两年进行一次监督和审查。

8. 其他相关的政策

- 行为守则
- 特殊教育需求政策
- 家校协议

第9章的要点

- 所有类型的政策都要简明扼要。因此，任何家庭作业政策都需要给教师、学生，甚至家长提供明确的指导，让他们明白自己在家庭学习中的职责。
- 在理想的情况下，政策还应明确规定学校希望学生在家完成哪些类型的活动。如果可以的话，还应说明这些活动对学习的影响。
- 虽然这不是必须的，但最好的做法是偶尔在在职教育培训课程中回顾家庭作业及其政策的内容，并在学校网站上发布这些内容。

拓展阅读建议

1. 哈里斯·库珀（Harris Cooper）（1989）《家庭作业研究综述》

Cooper , H. (1989). *Synthesis on Research on Homework.*

虽然写于30多年前，但库珀在该书中关于制定通用家庭作业政策的观点似乎与本书所阐述的观点不谋而合。本书的观点是基于近期的研究提出的。在库珀的书中，他写下了他对政策的看法，并对通用政策可以包含哪些内容给出了逐步指导。

第10章 结束语

在本书的开头，我曾提到过学生时期的自己是多么厌恶家庭作业。于我而言，它是一件苦差事，因为作业本质上是老师们对我毫无意义的统治和控制。家庭作业夺走了我看电视、听音乐或做白日梦的自由时间。我的父母也在家中鼓励我完成作业。但随着年龄的增长，这也可能加剧了我的叛逆和不服从。在去继续教育学院重新开始之前，我在普通中等教育证书考试中的糟糕表现也证明了我固执地拒绝做任何事情；证明了我傲慢地认为自己比好心的老师和关心我的父母知道得更多；证明了我对作业无动于衷，或者是刻意忘记作业。当回想起那些昏昏欲睡的日子时，我恍然大悟：除了朋友们不愿被视为老师的宠儿，或不想在学业上表现得过于出色，而偶尔虚张声势（说自己不写作业）之外，大多数同学都至少完成了部分家庭作业。他们很少被留校，在被老师提问时往往能答出有价值的东西，期末考试也考得比我好。如今，当我再问他们时，大多数人都承认自己当时做了作业。

当然，以上都是逸闻趣事。我在继续教育学院取得了足够上大学的A级成绩。我也是在大学里才开始做作业的。在大学里，我发现自己其实很喜欢学习，并开始认真学习了，甚至还在同学中有了“图书馆男孩”的绰号。最终，我取得了一个不错的学位。毕业后我也一直在工作之余努力学习，也包括写这本书。我觉得努力还是有回报的。

然而我们的思考不应止于趣事。在第2章中呈现的证据意味着，我们不应该放弃将家庭作业视为提高成绩的一种策略。大多数的学术研究都表明，尽管作业的影响是很小的，但它还是对成绩存在影响。在中学阶段，任何忽视这一点的教师都忽略了有可能使学生受益的经验。

如果要布置有效的家庭作业，我会根据第3章的内容提出布置短小精悍的练习作业和预习作业的理由。练习作业是建立在先前学习的内容的基础上，并对其进行巩固和强化的作业类型。预习作业是为了即将到来的课程做准备，为其提供有针对性的、容易获取的内容，比如学习词汇等。作业中的内容将在下节课中或几节课之后使用，最好以低风险的方式进行测试。重点在于学生要了解家庭作业与他们已经学到的知识或将要学到的知识之间有什么关系。

我知道对大多数读者来说这可能是不言自明的，并不是什么高深的内容。其他类型的家庭作业（如拓展型作业）可以丰富学生的知识，也可以作为奖励给予学生。如果学生有兴趣的话，我会将其作为可选的额外作业来布置给学生，以拓展他们的知识。这些类型的家庭作业耗时长，而且在家长的支持、时间甚至成本等方面往往不平衡。因此，这些类型的作业不能优先确保所有学生都能实际、平等地参与到易于管理的活动之中。

教师可以通过练习作业和预习作业挖掘在教与学方面的最佳实践。正如第4—6章所示，作业内容可以是提取练习任务，建立在学生元认知能力基础上的预习任务和在课上通过低风险测验对学生进行测试的活动。教师也可以借助当前关于有效教学的学术研究来改进自己所布置的家庭作业。教师可以考虑在布置家庭作业时如何应用认知负荷理论、间隔学习和交错练习等方面的内容（已在第7章中讨论）。

要让人们认同这一点是很困难的，毕竟家庭作业总是备受争议。关于家庭作业，还有一些领域需要进一步研究，或在本书中没有提及，比如社会经济和家庭背景对家庭作业的影响，及其对成绩的影响。此外，关于具体科目的问题还有很多内容可以讨论。关于这些问题的讨论可以单独成册，只聚焦于学校教授的各种学科。尽管如此，我已经完成了我的作业，完成了自己认为应该在这本书中讨论的、关于家庭作业的所有内容。

附录1

了解效应量及相关系数在教育研究中的应用

第2章概述了一些关于家庭作业的元分析。本附录旨在解释效应量和相关系数如何衡量干预措施（如家庭作业）的影响或有效性。

在教育领域中，元分析的结果通常取决于效应量，可以通过效应量表明教学策略或干预措施是否对成绩有影响，还可以衡量其他因素，如学生的出勤率、努力程度，甚至是幸福感。虽然计算效应量的方法有很多种，但研究者一般都会试图找到平均结果或分数上的差异（例如，做作业的学生和不做作业的学生的结果或分数），并将其除以标准差（*d.*）。这个结果告诉了我们分数的分布情况（基本上是最高分和最低分之间的数字）。研究者通过将其中一组的均值减去另一组的均值，再除以标准差（最高分与最低分或结果测量值之间的差异）的方法，来计算被研究的两组之间的标准化平均差异（见图A.1）

$$\text{效应量}(d.)=\frac{[\text{一组的平均值}]-[\text{另一组的平均值}]}{\text{标准差}}$$

图A.1　效应量的简化公式

就某一策略/干预与成绩之间的关系而言，如果某个组的平均分显著提高，那么效应量的影响就会更大。而且，组内的分数越分散，效应量就越小，其影响就越不确定。效应量是一种非常简单的测量方法，可以粗略地显示策略或干预的影响程度。

根据科恩的观点，人们可以看到效应量具有以下效应（或影响）：

- *d*.=0—0.20（弱影响）
- *d*.=0.21—0.50（适度影响）
- *d*.=0.51—1.00（中等影响）
- *d*.=1.00以上（强影响）

根据科恩、曼尼恩和莫里森的研究可知，如果研究者想要研究两个变量之间的关系，可以尝试使用相关系数来进行衡量。比如，花在家庭作业上的时间和成绩之间的关系。研究者可以在假设正向或负向趋势（或影响）方向的基础上将效应量分为5类。利用相关技术回答关于两个变量或两组数据的3个问题："首先，两个变量（或数据集合）之间是否存在关系？"如果这个问题的答案是肯定的，那么另外两个问题随之而来："关系的方向是什么（是正相关关系还是负相关关系）？""关系的相关性是多高？"因此，我们可以看到相关系数（或变量之间的关系*r*.）具有这样的相关性（或是本书所说的影响）：

- *r*.=0—0.1（较弱的影响）
- *r*.=0.2—0.3（适度的影响）
- *r*.=0.4—0.5（中等的影响）
- *r*.=0.6—0.8（较强的影响）
- *r*.=0.8以上（极强的影响）

当前，已经有许多关于家庭作业的元分析，涵盖了广泛的研究方法和特异性水平，还使用了基于标准差或相关系数的效应量。第2章的表2.1对其中的重要内容进行了比较分析。

附录2

基于抵达自由学校和教师塔普的作业类型研究分析

练习作业和预习作业优于其他作业类型的案例：来自同事的观点

参与赫特福德郡与巴克斯郡挑战合作伙伴中心家庭作业研究项目的同事大都赞同第3章中概述的关于家庭作业类型的研究成果。在2017年秋季学期，他们对家庭作业的使用情况及其对学生成绩的影响进行了研究。随后，我对他们进行了调研。同事们在3个月的时间里对不同类型的家庭作业进行了实验。他们评估了上交作业的质量和其对学生理解所学内容方面的影响。超过半数的受访者提出练习作业的效果是最好的。当然，我们

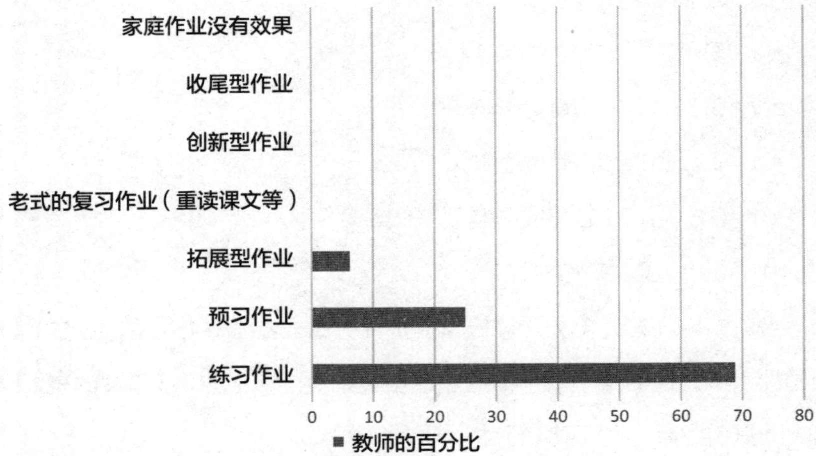

图B.1　教师关于哪些家庭作业类型最有效的观点（按百分比统计）

会看到受访者的意见并不是一致的。但是参与项目的16名教师中的大部分（69%）都认为练习作业比第3章中讨论的其他类型的作业更有用（见图B.1）。他们认为创新性作业和收尾性作业是最没有效果的。

中心和学校对教师进行的焦点小组访谈得到的定性研究结果也支持了先前调研得出的结论。例如，一位同事认为家庭作业“不仅培养了学生自主学习的能力，还使他们练习和应用了在课堂上学到的技能。这也可以让学生们看到自己对于某一主题的理解程度，从而自我评价他们是否需要更多的帮助以及在哪些方面需要帮助”。类似的观点还有：“布置家庭作业是为了巩固和发展学生对当前所学主题或学科的理解。布置家庭作业的目的是让教师知道每个学生对当前主题或工作的理解程度。”还有一些针对具体学科的观点：“数学家庭作业是巩固课堂学习的作业。正如前文提到的，练习在数学中是必不可少的一部分。”

然而，也并不是每个人都持赞同意见，毕竟不存在绝对的共识。例如，英语和西班牙语教师认为，预习作业（阅读课文或学习新词汇）更有效。一位教师说：“在西班牙语学习中，学生需要提前一周学习词汇，这样上课时他们就可以把所学的知识运用到实践中，而不是被教授新的单词。”创意艺术教师也认为家庭作业不需要以练习任务和活动为中心。“在我看来，每个学科领域的家庭作业都是不同的，你可以用不同的方式来使用它。我认为作业需要有针对性，它不仅需要用来为课程做准备，也需要增加学习内容。对于艺术学科来说，重要的是要随着时间的推移，通过设置特定的绘画任务来显示进度。我会给学生们一个清单，让他们从中选择任务，通过发挥创造力来完成自己的任务。”这位老师认为在完成课程作业和项目工作等方面，拓展型任务是很重要的（虽然艺术中的创新和练习是共生的）。

总体而言，教师们都认为在准备普通中等教育证书考试时，练习作业是必不可少的。他们认为基于通过考试这一目的，学生们也会赞同上述观点。对成绩单的分析表明，所有的教师都同意为了巩固和加强学习应该定期布置练习作业。即使是创新型活动或拓展型活动也不例外。一位科学老师明确提到了这一点："家庭作业的目的是巩固学习内容、提高学习经验。当且仅当家庭作业有明确的目的并对学生有益时，才应该布置它。"

由于参加中心项目的学校都是中学，我还联系了附近一所小学的同事。在18名受访者中，有78%的人认为练习是最有效的家庭作业类型。其他类型的家庭作业也没有被完全排除在外，但我认为这句话最能概括受访教师的观点："以技能为基础的练习让学生有机会利用学校所教的内容来培养自信。"创新型项目式作业是让家长与学校互动的好方法，但并不适合所有家庭。当然，这个调研的样本量很小，但这些小学教师的看法与中学教师的观点基本一致。

练习作业和预习作业优于其他作业类型的案例：教师塔普的研究结果

在对上述调研结果进行了综述后，我的同事们完成了赫特福德郡与巴克斯郡挑战合作伙伴中心的项目。他们很想知道其他地区的教师是否与我们的观点一致。为了调研这个问题，我们联系了教师塔普，看看它是否可以提供帮助。这款应用程序会在每天下午3点向数千名教师发送问卷。借助该应用程序，我们又获取了2259条意见来帮助我们寻找哪些家庭作业类型对学生最有效。

本次调查得到的结果与我们之前的结果没有太大区别。大多数，即62%的受访者认为，布置家庭作业的重点是练习课堂上已经教过的内容，这样对学生的成绩“最有帮助”(尽管他们可以勾选多个选项)。这与我同事的意见不谋而合。预习作业被认为是第二大有利于学生发挥其潜力的家庭作业类型(有35%的受访者选择了它)。创新型作业和收尾型作业被认为是最没有效果的。这一结果与我们学校和中心的发现是一致的。图B.2展示了教师塔普的调查结果。

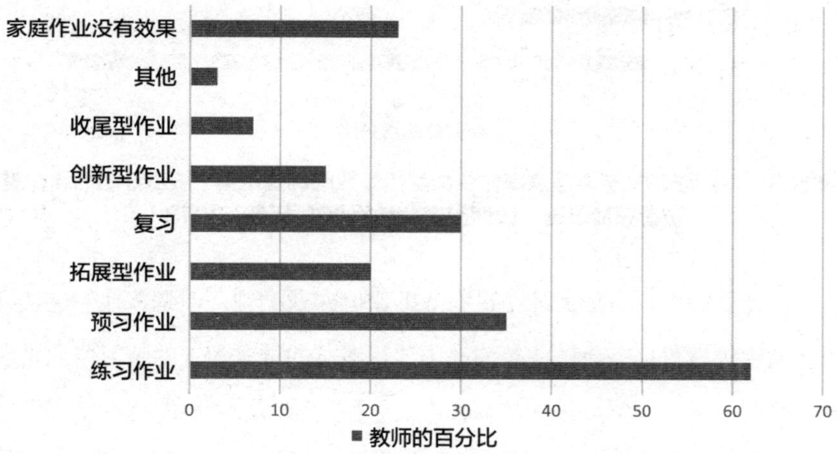

图B.2　教师塔普关于哪些家庭作业类型最有效的调查结果(按百分比统计，受访者可以多选。改编自麦金纳尼/教师塔普，2018)

当只能单选时，超过40%的受访者仍然选择“练习作业”，认为它是帮助学生提高成绩的最有效的家庭作业类型(见图B.3)。

正如教师塔普的劳拉·麦金纳尼(Laura McInerney)所言，“练习是一种受欢迎的作业类型，但教师们对练习作业的态度差异非常大。绝大多数(76%)的数学教师支持练习作业，但只有三分之一多一点(35%)的英语教师支持该作业类型”。我的同事们也是这样认为的。在会议上，学校的数学老师立即同意练习作业是有意义的；而英语老师们则认为像是课

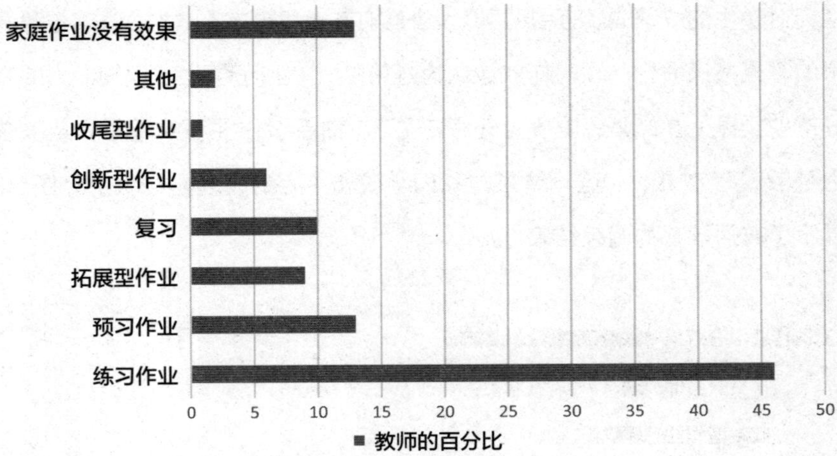

图B.3　教师塔普关于哪些家庭作业类型最有效的调查结果（按百分比统计，受访者只能单选。改编自麦金纳尼/教师塔普，2018）

前阅读课文等的预习作业才是最有效的家庭作业类型。但是，他们也认同以普通中等教育证书考试或英国高中课程考试的试题为主的练习作业是考试的必要准备。小学阶段的教师和人文学科的教师最有可能选择拓展型作业和创新型作业。有趣的是，创意艺术的老师比人文学科的老师更不可能选择创新型作业。

我也很想知道，为学生布置用时较短的家庭作业是否效果更好。学生们离开学校后会受到社交媒体等各种影响因素的干扰，他们做作业时注意力不集中可能会导致作业质量下降。

调查结果亦显示，大多数教师都清楚布置用时超过30分钟的作业可能对学生没有好处。正如我们在第2章中看到的，研究者们一致同意作业和成绩之间的关系是曲线型的。在实际教学中，限制花在家庭作业上的时间是很重要的。第2章的研究还表明，如果允许学生在作业中练习少量的技能或概念，他们会学到更多的东西，而且复杂的任务应该被分解成一个个更小的任务。因此，用时较短的家庭作业既有利于练习技能，又有利于定期进行练习。此外，某些科目每一晚都布置练习作业，这可以使学生在应用技能方面的流畅程度提高。从长远来看，对于数学和语言等学科而言，这些用时短的练习可能比每周集中一小时的家庭作业更有效。然而，这一切都需要通过教师的协调，使其对学生来说是“可以应付的”。

我的学生对最有效的家庭作业类型的看法

正如我们在第8章中所简述的，学生们普遍认为家庭作业是有益的。然而，许多研究表明，家庭作业对学习和成绩的影响取决于它与学校所学内容的相关性。正因如此，我相信很多学生，尤其是中学生，会接受家庭作业具有相关性和重要性这一点。因为作业可以让他们进一步练习和运用课堂上学到的技能。同样，学生们也会看到预习作业的意义。只要其目的明确，并在今后的课程中进行检查或测试，预习作业也可以成为学校学习活动中不可或缺的一部分。

有趣的是，我的学生们也持相同意见。在一项针对50名学生的调查中，74%的学生认为以练习为基础的家庭作业最有利于他们成绩的提高。在本次调查中，学生们要完成不同类型的家庭作业，再定性地评估哪些类型的作业提高了他们的知识积累、信心和考试能力。尽管调研结果是较为主观的意见，但它确实通过评估工作进行了判断。本次调研历时两个学期，在9年级和10年级分别选择了一个普通中等教育证书考试宗教教育班作为研究样本。在第一学期，学生们完成了各种类型的家庭作业，包括练习作业（普通中等教育证书考试题目等）、预习作业（阅读要学习的课文等）、创新型作业（制作海报等）和收尾型作业。在半个学期后的假期里，他们还完成了像独立研究等用时较长的拓展型作业，并被告知在评估前要进行复习（但是这项任务并没有被包括在第1学期的学生意见调查中）。随后，学生们被问及哪种类型的家庭作业对他们的学习影响最大（见图B.4）。虽然大多数学生选择了练习作业或预习作业（分别为37%和18%），但也有45%的人选择了其他类型的作业。诚然，练习作业和预习作业被认为是最有效的作业类型，但结果并没有超过其他类型。

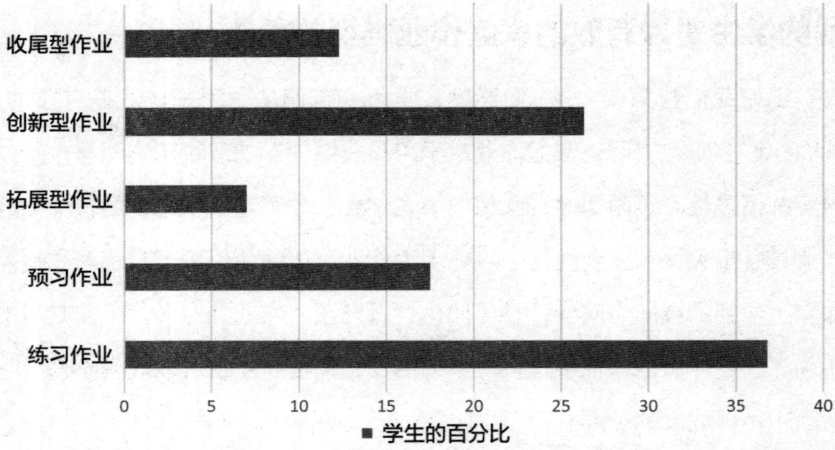

图B.4　学生对在第1学期中哪些家庭作业类型最有效的看法（按百分比统计）

在第2学期，学生们只被安排了练习作业，偶尔也会被布置预习作业。研究者最后询问学生，在这两个学期的时间里哪些家庭作业对他们的学习影响最大。调查结果显示，73%的学生认为练习作业对学习和成绩的影响比其他任何类型的作业都要大（见图B.5）。但只有6%的学生选择了预习作业。如前所述，在完成调查之前，学生们被要求复习他们两个学期以来所学习的内容，然后将他们的书面作业质量与考试成绩进行比较（他们在这期间会有4次正式考试）。我们的想法是：学生们的选择是根据他们的进步和成绩做出的，而不是基于个人偏好。

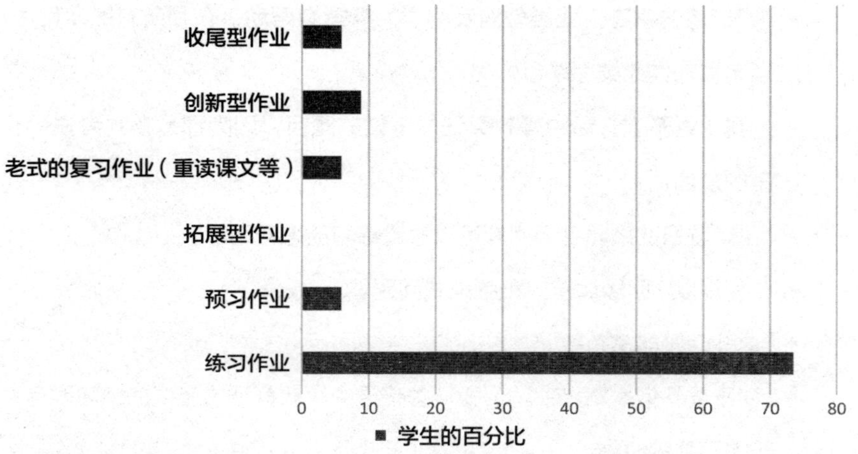

图B.5　学生对在第2学期中哪些家庭作业类型最有效的看法（按百分比统计）

此外，学生们的考试成绩也在这段时间内有所提高。这两个班级在实验期间（只布置练习作业）的达标率分别提高到了91%和92%，而在实验前（家庭作业类型是混合的）则分别为45%和79%。当然，将此作为论据证明练习作业或预习作业是有效的——这一点值得怀疑，因为在此期间教师还实施了其他教学策略。尽管如此，我相信这些额外的练习不仅提高了学生应用知识的能力，还提高了他们应试技巧的熟练程度。

我还用匿名的开放式问题从学生那里寻找了更多的定性证据。我没有对这些问题进行过多的分析，而是让学生们自己说：

- “我喜欢有考试题的时候，因为这是备考的好方法，有助于提高我对题目的理解。”
- “做过去的普通中等教育证书考试试题对我有帮助，因为我知道了考试要考什么。同时这也帮助我更好地复习，加深对题目的理解。”
- “我认为布置更多的练习题比完成创新性的家庭作业效果更好。”

- “您布置的家庭作业类型对我的学习非常有帮助。在我所有的课程中，您布置的作业类型是最好的。”
- “（我）更喜欢普通中等教育证书考试的题目，因为那是正式考试中会考的东西。”
- “往年题目的纸质老旧问题可以通过练习册来帮助解决。”
- “（我得以）回顾调查式和考试式问题。”
- “这些问题非常有效。”
- “我不喜欢做家庭作业，但我认为普通中等教育证书考试的练习题有助于提高我的成绩。”
- “（这些是）有关我们正在学习的主题的考试题。”
- “每隔一周做1—2次试卷就可以了，整个期间可能会做4—6次试卷，或者每半个学期做一份真实的试卷。”
- “我真的不介意。我有点喜欢帮助我学习功课的家庭作业。另外，我不喜欢太多的作业，过多的作业对我没有任何帮助。我最喜欢的是练习普通中等教育证书考试的题目和在课前把问题弄清楚的作业”。

学生们还对家庭作业的时间安排发表了意见，这恰好印证了前文提到的关于注意力和集中度等方面的观点：

- “我更喜欢用时较短的家庭作业，这样我就可以把作业做到最好。因为我会比完成用时长达1小时的作业时更专注。”
- “我从用时更短的家庭作业中学到了更多的知识。”

但也有一些例外情况：

- “就我个人而言，学习的最好方式是让我自己阅读宗教典籍、寓言等文本。”
- “我发现观看（内容）能让我记住更多的东西。我喜欢做的家庭作业也是更有创新性的，我可以很容易地记住它。我还喜欢制作幻灯片来帮助记忆，因为我可以记住搜索的图片和事实等。”

显然，比起其他作业类型，这些班级的学生更喜欢练习作业。我清楚地知道这是一个非常微小的、有限的学生研究。在调研的过程中，学生们肯定会受到我的教学方法的影响，并试图给出我想要的答案。尽管如此，我在解释家庭作业时还是尽量保持开放和客观的态度。我觉得这些学生的观点是完全真实的。

两个组的学生在实验后仍然只完成练习作业和预习作业。在2019年的夏季考试中，10年级的学生（当时是11年级）的Progress 8获得了1.7分，这表明学生的平均成绩比预期成绩高出了近两个等级（基于以前的成绩数据进行分析的结果）。与全英国的平均水平相比，该组学生中的弱势学生和非英语母语者比例较高。在中心进行的2020年评估中，9年级学生的Progress 8获得了1分。参与实验的两个班的学生都取得了一定的成绩。我觉得定期布置给他们的练习作业和偶尔布置的预习作业影响了他们的学业成绩和Progress 8分数。他们取得的分数也明显高于学校、郡和整个英国的平均水平。

我也明白，包括部分老师在内的有些人可能会对这种方法嗤之以鼻。有人可能会对我提出的“为考试而教”进行指控；也有人可能会说我只集中于布置练习作业，而忽视了学生们完成拓展型作业和追寻自己的兴趣可能带来的丰厚回报。我是完全理解这种想法的。这与乔·凯里（见实践者研究专栏3.2）的研究发现背道而驰。他认为应当允许学生在家庭作业中具有“想象力”和“创新性”，并允许他们进行选择。然而，定期布置练习作业并且根据需要布置预习作业，这样的方法对成绩的影响更大。

这种方法也能提高学生在公开考试和标准化评估中的成绩。从长远来看，学生们可以带着一份更好的文凭离开学校，这更能帮助他们在之后的人生中获得机遇。

附录3

对家长调研和学生调研的简要分析

家长们的真实想法是什么？

许多家长赞同第1章表1.1中列出的缺点，并提出了许多反对家庭作业的理由[①]。很多人聚焦于作业对家庭生活的负面影响。例如，“这是造成家庭冲突的主要原因……而我是孩子所在学校的老师。我这一生都在唠叨他们，带来的负面作用大于作业带来的好处”。还有人认为家庭作业“会导致家庭的压力和争吵”。有几位家长拥有和皮科克教授相似的担忧（在第3章中提到）：“总体上看，我不觉得家庭作业有什么好处。它变成了一个‘谁的父母能做得更好’的展示等。”其中还有关于公平的问题，如：“我发现在小学阶段家长会帮孩子改错或做作业。因此，孩子们的作业不是对学业成就的真实反映。那些父母整天工作的孩子与那些家里有受过教育的家庭主妇的孩子相比是处于劣势的。后者的母亲可以从下午3点半一直辅导孩子到下午6点。而那些父母学历较低的孩子也处于劣势，因为他们的父母不能有效地帮助他们做作业。”最令人担忧的也许是家庭作业剥夺了孩子们的自由时间，他们也需要时间休息、玩耍、享受自己的青春年华。就像这个典型的回答：“我看不出它有什么效果。孩子们在学习了一整天之后需要休息一下。晚上和周末应该是属于家庭的闲暇时间，而不是

① 我在一些网络社交平台上进行了这项调查，并获得了64份匿名回复。

有更多压力和工作的时间。许多双职工家庭的孩子已经参加了课后的俱乐部。孩子们的家庭作业往往在夜里很晚的时间完成，家长很少有时间集中精力辅导或照顾他们。家长们也反对成为所有学科的专家。”正如这条评论所言：“在我们家，完成家庭作业的压力非常大……做作业的实际时间往往比它应该占用的时间长，因为每件事都需要给孩子解释。而且，我们家长需要经常更新对现代教学方法的认识，这些方法与我们上学时相比有了很大的变化。”最后一个反对家庭作业的论点是：孩子们没有多少时间进行课外活动和其他应该在校外做的事情。这句话很好地总结了这种挫败感：“是的。我的儿子喜欢骑自行车出门。但是在昼短夜长的日子里，当他做完作业时就已经太晚了。我的女儿喜欢参加课外俱乐部，尝试后她发现自己无法兼顾。”也有一些极端的意见，如“我讨厌家庭作业”和“作业就应该被禁止！”

尽管绝大多数评论都是极其消极的，甚至有些评论听起来相当尖锐！但是，如果我忽视家长们提出的积极观点，那就太虚伪了。当然，许多家长了解了关于家庭作业的学术论点，比如“这是检查他们是否理解了课堂上所学内容的好方法”“家庭作业有助于强化学校所学内容，支持学生学习”。这些回答都反映了同一个观点：如果家庭作业与学校的学习有关，那么它就是值得的。另一位家长写道：“巩固是有效学习的关键，把即将学习的课程作为家庭作业进行预习，可以确保学生们投入到课堂中去。”有不少家长提倡布置练习作业和预习作业。例如，“巩固作业是不可或缺的。所有的证据都表明，课上学习的内容只有一小部分能被学生真正记住。除非我们能快速回忆，形成短期记忆和长期记忆，否则所学内容都会被遗忘”。

许多家长认为家庭作业只对年纪较大的学生有意义。例如，一条看似积极的评论建议，“知识提取测验最有助于复习考试。做练习题效果也很好。除了关于普通中等教育证书考试的家庭作业，其他的都是毫无意义的”。很多家长明确反对在小学阶段布置家庭作业。这是一些普遍的观点，“在KS2阶段，家庭作业的作用应该非常有限，应该在KS3阶段逐渐增加作业量”“我认为在KS1阶段没有必要布置作业，在KS2阶段布置的作业内容应该是有趣的事情（比如做果冻），在KS3阶段可以以最低限度布置作业”。另一种观点认为家庭作业应该集中在最基本的内容上：“我认为小学生除了阅读、拼写和乘法表等内容外，不应该有别的作业。”许多家长都肯定了阅读的重要性，如“除了阅读，在小学不应该有别的家庭作业，阅读仍旧是很重要的”。

显然，如果孩子有特殊教育需要或有学习障碍，他们的父母通常是反对布置家庭作业的。一位受访者说：“我丈夫有阅读障碍，我们的两个孩子也是。我的工作时间很长。如果我不在家，做作业对他们而言压力太大了，而且作业也完不成。”另一位家长指出：“我的儿子患有ASD（自闭症谱系障碍），从小班开始我们就没做过家庭作业（他现在读3年级了）。没完没了的作业造成了孩子持续的压力。这根本不值得。”

学生们的真实想法是什么？

令人惊讶的是，学生们说起家庭作业的态度似乎比他们的家长要轻松一些（当然，我的样本量很小，也可能是因为调查问卷是由我发出的，所以他们受到了一些影响）[①]。许多学生给出了支持家庭作业的积极评价。例

① 这项匿名调查来自抵达自由学校的29名学生。学生们是从各个年级中挑选出来的，没有集中在任何特定的科目上。调查采用的是开放式问题，而非封闭式问题。该调查与第4章中提到的学生调查是分开的，后者在附录2中进行了讨论。

如，“它可以帮助我们记住在课上学过的内容，并帮助我们复习”。这与第1章中表1.1概述的一些论点不谋而合。学生为家庭作业辩护的其他例子有“它可以让你为即将到来的考试做准备，让你在某一学科中学得更好，或者让你对某一学科或主题有更深的了解”“我在课堂上学了一些东西，但通常我回家后也会复习，相当于再上一遍课。我自学得更多”。有趣的是，“自学”的偏好出现了很多次。

显然，学生们也喜欢特定科目的某些类型的家庭作业。例如，一些学生说：“（我喜欢的作业是）完成英语阅读《柑橘和柠檬树啊》（*Private Peaceful*）的下一章，因为我可以用自己的方式理解书中的部分内容。”重要的是，他们提到了很多次预习和准备作业。学生说他们更喜欢这些任务。一名学生表示，他们喜欢“预习作业，因为可以为考试做准备”。另一名学生说他们很珍惜“通过制作复习笔记和思维导图为考试做准备”的机会。根据第3章中关于家庭作业类型的论据，学生们还提出练习作业是值得花时间来完成的。例如，许多学生说“练习去年的考试题”是有帮助的，他们认为“练习PEA（观点、案例和段落分析）对英语学习而言很有用，因为它帮助我牢牢掌握知识”。

然而，有的学生并不看好家庭作业。他们提出的观点与家长们相似，如认为作业是对校外生活的侵扰。典型的回答有“我不喜欢家庭作业，因为我下午5：20才回家，而老师却希望我做作业”和“放学后我没有自己的时间，也没有和朋友在一起的时间”。另一个广为人知的反对理由是，学校只是为了布置作业而布置，或是只有重复性的作业。正如一名学生所解释的：“除了少数例外，家庭作业一般只是重复我们在课上学到的东西。这意味着作业内容很无聊，没有新意。”一些学生反对杂乱无章的作业：“我们在一些科目中遇到过很多次这样的情况：老师突然给你布置作业，而且明天就得上交。”也有反对作业的意见认为，家长可能受到了不同的教育。例如“我不认为家庭作业对我有帮助。如果在做作业时卡住了，我可能会问家里的其他人。他们可能会告诉我另一种不同的解法，这会让我比原来更困惑。这样一来，老师和学生就会有更多的工作要做”。学生们经常抱怨的另一个方面是作业太多。例如“我发现有时很难按时完成作业。尽管作业时长可能设定为30分钟，但我可能需要1个小时才能完成”。最后，为家庭作业提供资源的实用性成了争论的焦点。这既是家长们提出的担忧，也是皮科克教授早先意识到的问题。正如一名学生所言："家庭作业要求我们做一些东西，但我们可能没有时间，甚至没有设备来做这些。我走到学校需要18分钟。如果下雨或刮风，我怎么能把它带到学校呢？”

结论

虽然这是一个不科学的调查，但是支持和反对家庭作业的共同论点是显而易见的。支持家庭作业的观点往往是：作业是在课外练习和扩展知识的额外机会，对学生的成绩有帮助，或者认为作业是一种更好地为即将到来的课程做准备的方式。他们还提到了课堂时间的限制和家庭作业在缓解学习时间短缺方面的潜在作用。家庭作业还可以发展学生的其他技能，如他们的自主学习能力和自我调节能力。

然而，反对家庭作业的常见观点是：一些家长担心没有能力辅导孩子，许多家长和学生对校外闲暇时间受到侵扰感到遗憾。尤其是对许多家长来说，家庭作业会制造家里的摩擦，因为完成作业的压力和家长支持教师的需要使他们不情愿做作业且经常感到疲惫不堪的孩子达到了沸点。另一个令人不满的问题是，学生们不得不去做一些布置得很差的家庭作业，而且这些作业与学生整体学习的关联性不强。

尽管如此，不少学生（上文没有提到）表示：他们更喜欢小型的家庭作业。家庭作业在学生的整体教育中发挥着重要的作用，但它并不总是设计得很好，可能作业的相关性不强，也不利于家庭和生活的平衡。也许，家庭作业确实需要重新概念化，或者至少需要精减一下。